KB053823

팀장, 바로 당신의 조건

TEAM

조직과 개인의 성공을 좌우하는

팀장, 바로 당신의 조건

양병채·임홍택 지음

LEADER

SNOWFOX

배 팀장.

일명 배발탁으로 통하는 그는 과장, 차장, 부장 승진 때마다 1년씩 발탁 승진을 거친 중견 유통업계 팀장으로 워너비 같은 존재다.

그가 부장 승진과 함께 팀장 보임을 받을 때까지만 해도 최연소 임원은 떼놓은 당상이라며 주변에서 더 야단법석이었다. 이제 팀장 3년 차, 이쯤 되면 임원 승진 후보에 이름이 오르내릴 것으로 기대했건만 현실은 암울하다.

과거 자신은 TFT에 수시로 차출될 정도의 실력자였다. 하지만 팀원들에게 그런 모습은 전혀 없다. 하나같이 역량이 부족하고 소통도 어렵고 무엇보다 수동적이기만 한 그들을 보고 있자니 분통이 터져 죽을 지경이다.

지푸라기라도 잡는 심정으로 고군분투해보지만 성과는 그 자신에게도 성이 차지 않으니 상사들의 눈에 찰 리 만무했다. 팀장 1년 차 때는 다른 팀장보다 상대적으로 나이도 어리고 경험이 적으니 팀원들이 그럴 수도 있다 생각했다. 2년 차 때는 2년 차 징크스라 그럴 수 있다고 생각하며 스스로 위로했지만 이젠 어떤 핑계도 댈 수 없는 빼박 3년 차다. 올해도 뭔가를 보여주지 못하면 임원 승진은커녕 지금의 팀장 자리도 위태롭다.

불안과 초조의 나날을 보내던 어느 날 HR 부서에 있는 동기와의 점심 식사 자리였다.

"야~ 우리 동기의 희망 배 팀장! 요즘 안색이 별로던데 뭔 일 있어?"

"별일은 무슨….."

"내가 직급은 낮지만 그래도 HR 부서에 있는 동기인데…. 무슨 문제 있는지 이야기해봐. 내가 직접 도움은 안 될지 모르지만 혹시 모르잖아. 오늘 날 만난 게 행운이 될지."

평소 입도 무겁고 동기들 신뢰도 받는 박 차장이었다. 왠지 이 친구에게는 털어놔도 되겠다는 생각에 가벼운 산책을 하며 고민을 털어놓기 시작했다.

"내가 팀장이 되면 이전 그 어면 팀장 선배보다 잘할 수 있을 거라고 자신했어. 하지만 3년 차 중반에 접어든 지금은 너무 빨리

승진한 게 아닌지, 팀장을 하지 말 걸 그랬나 싶은 자책과 반성을
하게 돼."

얼마 전까지만 해도 아직 시간이 남았다 생각했지만 지금은
절박 그 자체뿐인 배 팀장이었다. 이런 저런 말로 현재 자신의 처
지와 걱정들을 처음으로 터놓고 나니 벌거벗겨진 것 같고 창피하
기도 하지만 속은 후련했다.

"내가 일정을 확인해서 알려줄 테니 무조건 이틀 시간을 내!"

아무 말 없이 들어주던 박 차장이 불쑥 말을 건넸다.

"왜? 1박 2일 골프 치자고? 요즘 골프 치고 싶은 마음도 없어!"

"아니야, 골프는 나중에 치자구. 내가 아직 팀장은 아니지만
외부에서 하는 교육에 다녀온 적이 있었는데 배 팀장에게 도움이
될 것 같아."

"그래? 자네가 추천하는 거라 좋긴 하지만 지금 내 상황이 하
루도 아니고 이틀이나 시간을 낼 수 있을지 모르겠는데."

"허허. 배 팀장, 아직 절박하지 않은 모양이지?"

"아…그건 아니야. 상황이 그렇다는 거지. 최대한 시간 내볼게."

퇴근길에 배 팀장은 마음을 굳혔다.

'그래, 시간이 더 지체되기 전에 뭔가 변화가 필요해. 이대로
시간이 지난다고 저절로 나아질 리는 없어.'

월 첫 주, 심란하고 답답한 마음으로 출근한 월요일. 메일함

에 'Best 팀장 양성 과정 입과 안내'라는 낯선 이의 메일이 보였다. 몇 주 전 박 차장이 추천하고 신청까지 직접 해준 외부 교육 기관 프로그램임을 직감했다. 날짜를 확인하니 5월 셋째 주 수, 목요일 이다. 5월은 유통업계가 명절과 연말만큼 중요하게 생각하는 기간 인데, 하필 이런 때 이틀이나 자리를 비운다는 게 큰 부담인 상황 이다. 망설임은 당연했다. 하지만 이제 더 물러설 곳도 없다. 외부 교육을 받으러 간다고 이실직고 하기에는 쪽팔리고 송구하니 본부 장님께는 중요한 가족 행사가 있다고 얼버무리기로 했다.

담당자의 이메일에는 다음과 같은 몇 가지 준비물과 사전 과제에 대한 안내가 있었다.

사전 과제: 이 교육에 참석하여 꼭 얻어가고 싶은 것 세 가지를 작성하여 참석 D-2일까지 이메일로 회신 주세요.

배 팀장은 고민에 잠겼다. 자신의 문제가 뭔지 알 것 같다가도 때론 진짜 문제가 맞는지 헷갈리기를 반복해왔기 때문이다. '내가 이 중요한 시기에 이틀을 써가며 무엇을 얻어 와야 할까?'

5월은 업무뿐 아니라 팀원 관리, 가족 행사 등 신경 쓸 게 많아 몸도 머리도 피곤한데다 이 와중에 사전 과제까지 챙기려니 꽤나 신경이 쓰였다. 이번 교육에서 해결되기 바라는 자신의 진짜 문제를 틈틈이 생각하고 있지만 뚜렷하게 잡히지 않아 애만 끓는다. 바쁜 만큼 시간도 빨리 흘러 벌써 내일이면 5월 3주 차 월요일, 사전 과제 제출일이다. 문제 해결의 기본은 '진짜 문제'가 뭔지를 아는 것이다. 그래야 해결책을 찾든 남에게 위임을 하든 할 수 있을 것이 아닌가.

그날 밤 배 팀장은 그동안 머릿속에 맴돌던 자신의 문제점이나 현시점의 고민을 의식의 흐름대로 써보기 시작했다.

- 왜 팀원들은 자신이 실무자 때 일했던 것만큼 일에 집중하지 못할까?

- 왜 팀원들은 일에 대한 책임감이나 오너십이 부족할까? 내가 욕심이 많은 건가?

- 나의 리더십 다면진단 결과지는 회사 평균이나 본부 평균 대비 낮게 나오지만 정말 신뢰할 수 없다. 진짜 내 리더십의 수준을 알고 싶다.

- 나보다 나이 많은 팀원, 이제 갓 입사한 사원들과 소통을 잘하고 싶지만 뭔가 겉도는 느낌은 왜일까?

- 본부장님이 내게 거는 기대 이상으로 뭐든 해내고 싶은데 왜 그분 앞에 서면 작아지는 걸까?

- 나를 집중 견제하는 동료 팀장과 잘 지낼 수는 없을까?

• 이대로 간다면 나는 어떤 팀장으로 남게 될까?

떠오르는 대로 정리하다 보니 남의 시선이나 문제는 자신이 해결할 수 없는 문제라는 생각이 들었다. 배 팀장은 자신의 문제에 집중해보기로 했다. 그리고 다음 세 가지로 정리했다.

기대 사항 1.
리더십 다면진단을 잘 받을 수 있는 방법을 알고 싶다.

기대 사항 2.
팀원이 오너십과 책임감을 갖고 일할 수 있도록 만드는 방법을 알고 싶다.

기대 사항 3.
상사의 마음을 얻는 방법을 알고 싶다.

단 이틀의 교육으로 절박함을 해결할 수 있을지 의심은 들었지만 자신의 힘으로 딱히 무엇을 할 수도 없기에 교육에 참여하면 최선을 다하겠노라는 결심을 하며 '보내기' 버튼을 눌렀다.
드디어 이틀 교육의 첫날.

출근길과 다른 노선의 지하철을 타니 출장을 가는 것 같기도 하고 휴가를 가는 것 같은 착각이 들었다. 이전에 교육에 참석할 때는 푹 쉬거나 리프레시하는 편안한 마음이었지만 이번엔 달랐다. 이번은 그냥 교육이 아니다. 전투였으며 소중한 이틀에 버금가는 반드시 쟁취할 것이 필요한 거래였다.

강남의 어느 빌딩, 출근하는 수많은 사람들로 로비와 엘리베이터는 북적였다. 다행히 아는 사람은 없었다. 순간 이 교육을 추천한 HR팀 박 차장의 얼굴이 스쳐갔다.

교육장 분위기는 배 팀장의 마음 상태와 달리 밝고 경쾌했다. BTS의 신나는 히트곡이 흘러나오고 있었는데 아마도 첫 만남의 어색함을 털어내기 위한 교육팀이 의도적인 선곡인 것 같았다. 강의장에 미리 도착한 몇몇은 어색함에 휴대폰을 보거나 교재를 뒤적거리고 있었다.

"어서 오세요, 여러분. 반갑습니다."

50대 초중반으로 보이는 강사가 미소를 지며 나타났다. 여러 대기업에서 다양하게 쌓은 경험과 이력을 소개하며 자신을 강사가 아닌 코치로 소개했다. 코치의 설명을 들으니 그동안 대기업 HR 분야에서 팀장과 임원으로 26년 이상을 왕성하게 활동한 사람으로서 내공이 있을 것 같다는 뭔지 모를 신뢰와 기대감이 생겨났다.

코치는 자신 이외에도 유명 베스트셀러 작가이자 셀럽과 같은 강사도 출격할 거라며 호기심을 자극했다. 코치는 과정의 효율성을 위해 다양한 질문과 간단한 활동을 곁들일 것이고, 설명은 간략하게, 부족한 부분은 교재를 통해 스스로 학습할 수 있도록 하겠다고 설명했다. 다만 함께 참여한 교육생 사이의 상호 학습에 중점을 둔다는 교육 방향에 대한 안내를 덧붙였다.

코치 소개와 간단한 과정 안내가 끝나자 각 조별로 자기소개 시간이 주어졌다.

배 팀장 조에는 자신을 포함한 다섯 명의 교육생이 있었다. C 손해보험사의 3년 차 최 팀장은 몇 년 만에 새로 들어온 신입 팀원이 기존 팀원들과 원팀이 되도록 만들고 싶다고 했다.

K전자 5년 차 이 팀장은 참석자 중 가장 고참 팀장이었다. 그는 승진을 기대하고 있지만 상사와 관계, 동료 팀장의 심한 견제로 스트레스가 심한 상태였다. 그는 상황을 개선시킬 단초라도 얻고 싶어 참석했다고 말했다.

다음은 S유통 서 팀장. 아직은 열정과 파이팅이 넘치는 1년 차 팀장으로 팀원이 자신의 열정을 따라오지 못해 아쉽고 답답해했다. 그는 어떻게 하면 열정이 가득한 파이팅이 넘치는 팀으로 바꿀 수 있는지 방법을 찾고 있었다.

교육에 참석한 이유를 솔직하게 말하는 참석자들 덕분에 배 팀장도 자신이 이야기를 솔직하게 말할 수 있겠다는 생각이 들었다.

"저는 3년 차 팀장입니다. 사실 지금 저는 심각한 슬럼프에 빠져 있어요. 제가 생각했던 것보다 팀장 역할을 수행하는 데 어려움을 겪고 있거든요. 무엇보다 제 리더십 다면진단 결과에 큰 충격을 받았어요. 이대로는 도저히 안 되겠다 싶어서 이 교육에 참석하게 됐습니다."

배 팀장은 자신이 사전에 제출한 세 가지 과제도 솔직하게 털어놓고 자리에 앉았다.

마지막 조원은 A Telecom에서 온 김 차장이었다. 그는 아직 팀장은 아니지만 내년에 부장 승진과 팀장 보임이 거의 확실한 케이스로, 어느 팀을 맡든 자신보다 나이 많은 팀원과 함께 일할 수밖에 없는 상황이었다. 때문에 자신의 리더십이 제대로 발휘될지 사전에 무엇을 준비하면 좋을지 알고자 참석한 경우였다. 그의 말을 듣다 보니 자신은 왜 팀장이 되기 전에 이런 생각을 미리 하지 못했는지 아쉬운 마음과 부러움이 한꺼번에 밀려왔다.

"여러분 모두는 해결하고 싶거나 기대하는 것이 있어 어렵게 이 과정에 참석하셨습니다. 앞으로 여러분의 문제나 이슈 사항을 솔직하게 꺼내주신다면 저희는 여러분께 실질적인 도움을 드리기 위해 최선을 다하겠습니다. 저희가 드리는 질문에 정답은 없습니다. 창피하게 생각하거나 주저하지 마시고 여러분의 생각과 현재 느낌 등을 가감 없이 이야기해주신다면 기대하는 것을 얻어가실

수 있을 것입니다. 자, 그럼 적극적으로 협조해주시리라 믿고 시작하겠습니다."

질문: 최근 1~2년 내에 회사의 변화 중 경영 환경이나 상황 변화를 제외하고 내부적으로 느끼는 가장 큰 변화는 무엇인가?

A통신 김 차장: 주 40시간이 도입되면서 일하는 시간, 방법, 문화가 이전과 확실히 달라졌습니다.

S유통 서 팀장: 비대면 상황이 지속되다 보니 회의 시간, 방법도 이전과 확연하게 다릅니다.

C손해보험회사 최 팀장: 워크숍이나 팀 빌딩 활동뿐만 아니라 회의도 거의 없어져서 회사가 삭막하게 변했습니다.

배 팀장: MZ세대와의 소통이 상당히 어렵습니다. 제가 신입사원이었을 때와는 완전히 다른 별에서 온 것 같은 착각이 들 때가 많습니다.

"예, 맞습니다. 여러분들이 팀장이 되기까지 경험하지 못했던 혁명적인 상황이 불행하게도 팀장이 된 이후나 직전에 벌어지고 있습니다. 그러니 우리나라 팀장들이 집단 멘붕에 빠져도 이상하지 않습니다. 자, 그럼 이쯤에서 여러분이 맡고 있어 무한 책임을 느끼고 있는 팀이란 도대체 어떤 것인지 간단하게 살펴보고 가겠습니다."

팀은 어떻게 정의해야 하는가?

특정 업무를 서로 의존하며 공동으로 추진하는 개인의 집합으로 상위 조직에서 위임한 권한과 책임을 바탕으로 공동의 목표를 달성하는 단위 조직이며 상호 연대와 협력을 의미하는 팀워크가 중요하다.

팀장에게는 어떤 역량이 필요한가?

일반 역량(또는 기반 역량)과 직무 역량(또는 전문 역량)으로 구분할 수 있다. 커뮤니케이션 능력, 협상력, 조직 관리 능력, 대인관계, 어학 역량 등 특정 직무와 관계없이 갖춰야 할 기본이 일반 역량이다. 이 역량이 잘 갖춰져 있으면 조직 이동이나 직무 변경이 있을 때 빠르게 적응할 수 있다.

직무 역량은 전문 역량 또는 업무를 통해 익힌 지식과 기술을 말한다. 가령 재무팀 구성원은 자금 조달의 유형과 자금 지출 내역 관리 능력, 재무제표·대차대조표 등의 작성과 해석 능력, 회계 기본 지식과 활용 능력 등의 역량이 필요하고 이를 쌓게 된다.

팀장에게 이 두 역량의 적절한 조화가 필요하다.

"여러분이 맡고 있는 팀은 어떤 종류의 팀입니까?"

"저는 영업 관련 팀입니다."

"저는 스탭 부서 팀을 맡고 있습니다."

몇몇 팀장이 대답하자 코치는 다시 물었다.

"제 질문은 여러 가지 팀의 유형 중에 어떤 형태의 팀을 맡고 있느냐는 뜻입니다."

팀 종류까지 생각하지 못한 탓에 참가자들은 선뜻 답을 하지 못하고 있었다.

어떤 종류의 팀이 있는가?

플랫Flat형 팀

팀장부터 담당자까지 팀의 형태를 최대한 납작하게 운영한다. 조助나 파트Part라는 중간 조직 없이 팀장이 담당자와 직접 소통하고 관리하기에 라인 조직보다는 구성원의 역량이 높은 스탭 조직에 적합한 구조다. 예를 들어 기획팀, 전략팀 등 일상적인 업무보다는 기획 업무나 전략적 과제 수행 등에 적합하다. 중간 관리층을 없애면 의사결정이 빨라지고 불필요한 과정이 사라져 소통 비용Communication cost이 획기적으로 줄어든다.

플랫형 팀은 소수정예화가 가능한 조직으로, 인건비를 줄일 수 있고 전문성이 높은 간부나 고참들을 많이 배치시킬 수 있어 조직의 노령화에도 대응이 가능하다.

대大 팀

육성된 팀장이 부족하거나 작게 나눴을 때 자원이 분산되고 책임감이 약해지는 현상과 조직 간 커뮤니케이션이 단절되고 이기주의가 심화되는 조직 내 사일로 현상Silo effect을 극복하기 위해 대 팀 제를 운영한다. 대 팀 제는 조직의 효율성 측면에서 더할 나위 없이 좋은 조직 형태로, 영업·생산·마케팅 등 동일 기능에서 사용하는 것이 좋다. 다만 대 팀 제 팀장은 관리해야 할 사람이 많고 이슈가 많기 때문에 시간에 쫓길 수밖에 없다. 팀장이 너무 많고 복잡한 이슈에 팀장이 쫓기게 되면 본질적인 문제에 집중할 수 없고, 급한 것에 쫓겨 중요한 것을 놓칠 수 있으며, 팀장이 지쳐 떨어지는Burn-out 현상이 나타나기도 한다.

프로젝트 팀

특수한 목적·목표나 특정한 사업 계획을 수행하기 위해 계획에 가장 적합한 역량을 가진 인력을 모아 문제 해결에 집중하도록 만든 조직이다. 프로젝트 팀은 군사 용어에서 유래한 태스크 포스팀Task force team이라고도 부른다. 프로젝트나 특수 업무를 수행하기 위해 별도로 조직하는 형태와 연구 개발이나 기획만을 전담하는 조직으로 크게 나눌 수 있다. 프로젝트 팀은 조직의 목적에 달성하면 해체되기 때문에 한시적으로 운영되는 조직이다.

다기능 팀

기능 자체를 통합하여 한 팀 내에서 여러 기능이 유기적으로 협업할 수 있게 만든 팀이다. 연구 개발R&D은 연구 개발 조직대로, 생산이나 물류는 그 나름의 기능과 역할이 있기 때문에 그에 맞는 조직문화와 일하는 방식 등이 만들어진다. 이런 한계를 극복하기 위해 제품이나 서비스 단위별로 기능을 통합하여, 한 팀 내에서 권한과 책임을 갖고 일할 수 있도록 만든 조직이다.

애자일Agile 팀

기존의 피라미드형 조직, 상명하복식 수직구조에서 탈피해 자율적 셀Cell(소규모 팀) 조직을 기반으로 수평적으로 협업하며 자원을 배분하고 역할을 조율한다. 구성원 개개인의 오너십, 책임감, 전문성, 업무 몰입이 중요시되며, 애자일 팀 팀장은 구성원 스스로 전문가로서 업무를 추진하면서 협업할 수 있도록 조율하고 지원하는 역할에 집중한다.

애자일 팀은 열심히 일하기보다 스마트하게 일하는 것을 추구한다. 짧은 시간에 많은 일을 하기보다 적게 일하면서 더 많은 가치를 창출하는 것을 목표로 한다.

"자, 그럼 이제 여러분이 맡은 팀이 어떤 팀인지는 아셨을 겁니다. 다음 단계로, 팀을 만들 때 어떤 목적과 의도가 있었는지 그리고 당시 의사결정자는 무엇을 기대했는지를 알아야 합니다. 그래야 기대 수준을 넘어서는 팀장 역할을 수행할 수 있습니다."

이때 자신을 팀장 1년 차라고 소개했던 S유통 서 팀장이 질문을 했다.

"코치님, 팀장 입장에서 팀을 완벽하게 장악하기 위해서는 팀장을 중심으로 빠르고 강하게 팀 빌딩을 해야 할 것 같은데요. 어떤 방법이 있을까요?"

팀 빌딩이란 무엇인가? 팀 빌딩에도 왕도가 있는가?

팀 빌딩은 팀장을 중심으로 각 구성원을 조직화하고 개인의 역량을 조직 역량으로 바꾸는 일이다. 단체 스포츠를 비롯한 수많은 조직에서 원One팀을 외치는 것도 팀 빌딩이 된 팀과 그렇지 못한 팀의 성과 차이가 극명하기 때문이다.

팀 빌딩에 성공하기 위해 필요한 중요도 순은 다음과 같다. 첫째, 맨파워Manpowrer다. 팀장은 과업(미션)을 수행할 수 있는 능력을 갖춘 구성원을 확보하여 적절한 역할과 책임을 부여한다. 조직은 사람이며 인사가 만사라는 말은 팀을 만들기 시작하는 단계부터 무조건적으로 지켜야 하는 국룰이다.

둘째, 과업 자체가 팀에서 수행하기 적합한 일인지 확인하여 확정한다. 한 팀에서 완수할 수 없는 과업이나 몇 사람의 개인기에 기댈 때 팀 빌딩은 불가능하다. 팀 단위에서 수행하기 적절하지 않은 과업은 상위 조직이나 유관 조직에 교통정리를 요청하여 팀의 역할과 책임(다른 말로 팀 미션)을 확정한다.

셋째, 팀을 지원하는 분위기인 팀 문화를 만든다. 구성원 개개인이 자신의 과업만 바라보고 각자 도생에만 집중하면 팀 성과는 기대하기 어렵다. 팀장은 끊임없이 팀워크를 강조하고 팀워크를 발휘한 구성원이 인정받는 팀 문화가 뿌리내리게 해야 한다.

팀 문화의 실체란 무엇인가?

팀 문화(조직 문화)란 팀이 갖고 있는 독특하고 보편화된 양식이다. 같은 팀 내 구성원 대다수가 공통적으로 가진 신념이나 가치관, 인지나 행동 양식 등을 통틀어 말한다. 가령 회의 참석자 모두 한마디씩 하는 것이 정해져 있다면 그것 역시 팀 문화다.

새로운 곳에서 교육받는다는 어색함도 잠시, 배 팀장을 비롯한 참가자들은 빠르게 교육에 몰입해갔고 코치와 유대 관계를 맺기 시작했다.

15분의 휴식과 함께 틀어준 케니지 연주곡 덕분인지 배 팀장은 두고 온 회사 일에 대한 걱정을 뒤로 하고 다과가 준비된 휴게실로 발걸음을 옮겼다.

상사와 팀장, 부하 직원,
동료의 관점이 필요한 이유

조직에서 팀장에게 요구하는 역할은 직원을 관리하고 리딩하는 상사로서의 역할이다. 몇 명의 직속 상사를 모시고 있는 부하 직원으로서 팀장 역할의 중요성은 설명이 필요 없을 정도다. 소통과 협업을 통해 성과를 함께 만드는 동료 팀장으로서 역할도 가볍게 넘길 수 없다. 팀장 자신을 가운데 두고 직원-상사-동료로부터 다면진단을 받는 것처럼 조직 내 핵심 이해관계자인 직원-상사-동료가 기대하는 역할을 잘 해내야 좋은 팀장으로 인정받고 다음 단계로 승진과 성장을 기대할 수 있기 때문이다.

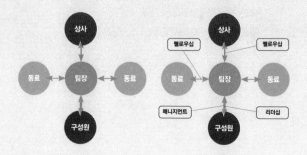

그림처럼 상사로서 팀장은 전혀 다른 영역의 역량이자 스킬인 관리자의 모습(매니지먼트)과 리더의 모습(리더십)을 필요로 하기 때문에 많은 트레이닝과 성찰이 필요하다.

| 차례 |

1장

팀장이 만들어 내는 가치:

당신은 목적지의 방향을 확인하는 사람이다

매니지먼트 역량 VS 리더십 역량- 무엇이 필수인가?

　"팀장에게 매니지먼트 역량과 리더십 역량 중 한 가지가 부족하면 어떤 일이 생길까요? 여기 다른 두 자전거가 있습니다. 여러분도 TV나 영상을 통해 외발자전거 타는 걸 본 적이 있을 겁니다. 일반인이 외발자전기를 배워 타기란 어렵고 시간도 오래 걸립니다. 설령 배웠다 해도 빠른 속도로 오랫동안 탈 수도 없습니다. 팀장에게 매니지먼트 역량과 리더십 역량 중 하나라도 없으면 마치 외발자전거를 타고 가는 것과 다를 바 없습니다. 따라서 팀장은 매니저(관리자) 역할과 리더 역할의 균형이 필요하죠. 이 과정은 팀장 역할을 균형에 방점을 두고 있기 때문에 부하로서 팀장과 동료로서 팀장의 역할도 비중 있게 다루고자 합니다. 이 과정을 마치면 여러분은 상하좌우 이해관계자들에게 보다 완벽한 팀장의 모습을 보여줄 수 있을 테니 기대해도 좋습니다."

코치가 메타포어를 활용해 설명하자 S유통 서 팀장이 질문했다.

"코치님, 저는 상사로서 팀장 역할을 제대로 하지 못하고 있는 것 같아요. 조금 전에 매니지먼트 역량과 리더십 역량은 자전거 바퀴와 같다고 하셨는데, 이 두 가지가 부족하면 팀과 팀장에게 어떤 일이 벌어지나요?"

"좋은 질문입니다. 여러분께 다시 질문하겠습니다. 매니지먼트 역량이 부족한 팀장과 리더십 역량이 부족한 팀장 중 어느 쪽이 팀에 더 해로울까요? 제게 상황 대응 리더십Situational leadership을 알려준 캔 블랜차드社의 수석 부사장은 그 질문에 이렇게 대답했습니다. "리더십 없는 매니지먼트는 평범한 팀을 만들고, 매니지먼트 없는 리더십은 팀에 재앙을 만든다."

영어식 언어 유희 같지만 매니지먼트 역량을 먼저 갖춰야 하고, 그게 조직 운영에 우선적으로 필요하다는 의미입니다. 직설적으로 매니지먼트 역량이 부족한 팀장은 팀 자체가 해체되게 만들거나 팀장 자신이 불명예스럽게 물러나는 비극적인 상황이 온다는 겁니다. 따라서 목표 달성을 논하고 평가와 보상을 통한 동기부여를 말하는 게 중요한 게 아니라는 거죠."

순간 교육장 분위기가 싸늘해졌다. 그 분위기를 읽었는지 코치는 화면을 띄웠다.

관리자는 기차가 제시간에 도착하는지를 확인하지만,
리더는 기차가 어디를 향하는지를 확인한다.

"관리자와 리더에 대한 비유인데 공감이 되시나요? 자, 그럼
주도적 학습을 위해 사례 연구용 자료를 나눠드리겠습니다. 가볍게
읽어보시고 무엇이 문제의 본질이었는지 조별로 토론해보세요."

피그스만 침공 작전의 교훈

1959년 미국 본토 턱밑에 있는 쿠바는 피델 카스트로Fidel Castro
와 체 게바라CheGuevara 등 열성 공산혁명가 주도로 공산국가가 된
다. 카스트로는 공산혁명에 성공하자 자국에 있는 자본주의 상징인
미국을 비롯한 외국 자본을 몰수하는 한편, 1961년 1월에는 미국과
외교를 단절하는 초강경 조치를 취한다.

미국 정부는 1960년부터 쿠바 침공을 계획하고 자금을 제공하고
있었는데 케네디가 대통령에 오른 지 석 달이 채 되지 않은 1961년
4월에 작전을 개시했다. 케네디는 쿠바의 사회주의 정책이 미국의 영
향력을 줄어들게 할 것으로 보아 미국 중앙정보국CIA의 도움을 받는
쿠바 망명자들을 규합하여 쿠바를 공격하도록 '피그스만 침공 작전'

을 계획한다. 작전을 주도한 CIA는 쿠바와 인접한 마이애미에서 비밀리에 쿠바인 망명자를 모아 '2506 여단'을 조직하고 훈련에 들어갔다. 문제는 1,500명에 달하는 지원자를 모집하면서 비밀이 철저하게 유지될 리가 없다는 데 있었다. 게다가 쿠바의 피델 카스트로는 미국이 어떤 방식으로든 자국을 공격하리라는 것을 예상하고 있었다.

　쿠바 남쪽 바다에 위치한 피그스만은 미국이 상륙작전을 펼치기에는 적합하지 않은 지역이다. 하지만 쿠바 침공의 직접적인 배후로 지목되는 것을 피하고 싶었던 미국은 피그스만을 상륙 지점으로 결정한다. 1961년 4월 15일, 여덟 대의 B26 폭격기가 날아올라 쿠바에 기습적인 폭격을 단행했다. 폭격은 성공적이었지만 폭격을 마친 폭격기 중 두 대가 미국 영토인 플로리다로 날아가는 실수를 저지른다. 이로써 피그스만 침공 작전은 미국이 아닌 쿠바 망명 세력의 도발로 꾸며 책임을 회피하려던 미국의 계획에 차질이 생겼다. 사실이 탄로 나는 것을 꺼린 미국은 2차 폭격을 포기하고, 4월 17일 1,500명을 피그스만에 상륙시키지만 대비하고 있던 쿠바군 때문에 2506 여단은 상륙부터 위기에 봉착했다. 상황이 불리하자 미국은 다시 폭격기를 출격시켰지만 쿠바군은 두 번 당하지 않았으며 하늘과 땅 모두에서 승리했다.

　이 작전은 미국이 선제공격을 했음에도 참패했다. 2506 여단 대원 가운데 118명이 죽고 1,189명이 포로로 사로잡혔다. 미국은 쿠바의 굴욕적인 제안을 받아들여 5,300만 달러 규모의 의약품과 식량을 제공한 후에야 비로소 자국 포로를 데려올 수 있었다. 결국 CIA 국장 앨런 덜레스Allen Dulles를 비롯한 핵심 간부가 실패에 책임을 지고 자리에서 물러났다.

여기서 케네디의 리더십이 전혀 보이지 않는다. 미국의 전략이 너무 허술해 보이는데 케네디 정부 출범 초기라 관리체계가 허술했던 탓인 것 같다는 의견이 나오고 있었다. 10여 분 동안 각 팀의 토론 과정을 지켜보기도 하고 직접 개입한 후 코치는 입을 열었다.

"이 사건의 본질은 무엇일까요? 전쟁을 대비한 처음부터 끝까지 치밀한 전략과 계획뿐 아니라 이를 실행에 옮길 꼼꼼한 매니지먼트 역량이 없었다는 것입니다. 그렇다 보니 작전 중 일어날 수 있는 다양한 상황에 대한 사전 준비와 계획이 부족했죠. 한곳에서 계획이 틀어지자 모든 것이 틀어지고 만 겁니다."

그렇다면 이들은 왜 이런 실수를 저질렀을까요? 바로 집단 사고를 유발하는 조직 구조에서 중요한 의사결정을 했기 때문입니다. 집단 사고란 의사결정에 참여한 사람들 사이에 친밀도가 높으면 높을수록 논쟁을 통해 좋은 결정을 도출하기보다 모이기 쉬운 한 방향으로 의견을 모으는 현상입니다.

당시 침공 의사결정에 참여한 케네디 대통령, 국무장관, 국방

장관, 안보보좌관, CIA 국장은 모두 친구 사이였습니다. 이들은 성장 배경도 비슷했고 출신 학교도 대부분 하버드였기 때문에 쉽게 의견이 모아졌습니다. 미국 입장에서 피그스만 침공 작전은 계획부터 실행까지 완벽하게 실패한 군사작전입니다.

특히 지금처럼 포스트 팬데믹 같은 상황에서는 개인의 다양성과 팀장의 매니지먼트 스킬로 집단 사고의 위험성을 극복해야 하는 시기인 것이죠.

과거 피그스만 작전이 대한민국 팀장에게 주는 메시지는 무엇일까요? 이 사건은 매니지먼트 역량이 부족한 상태의 리더십이 얼마나 위험하고 허울뿐일 수 있는가를 여실히 보여주는 좋은 사례입니다. 더불어 팀의 의사결정 때 팀장의 매니지먼트 역량이 강하면 집단 사고의 위험을 넘어설 수 있다는 사실도 강조하고 싶습니다."

코치는 강의 스크린에 아래 이미지를 띄웠다.

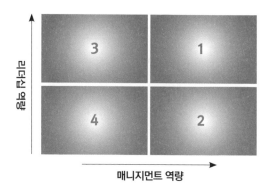

"리더십 역량과 매니지먼트 역량 수준에 따라 해당 팀과 팀장은 어떤 모습으로 비춰질까요? 여러분은 몇 사분면에 속하는지요?"

‖ 팀장의 매니지먼트 역량과 리더십 역량

리더십은 긍정적, 매니지먼트는 부정적 경향이 아니다. 매니지먼트는 리더십의 하위 개념이 아니다. 매니지먼트와 리더십은 동등한 역할 개념이다.

매니지먼트는 팀의 목표 설정, 계획 수립, 실행을 위한 자원 배분, 이해관계자 사이의 목표와 기대 수준 조정, 현안 문제에 초점을 맞춘 관리 활동이다.

리더십은 조직의 비전과 방향성 설정 및 공유, 조직의 방향성 제시, 비전과 미션 달성을 위한 전략 수립과 실행, 마음관리로 직원의 행동과 태도 변화를 이끄는 것이다.

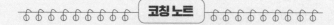

당신의 팀이
머물고 있는 곳은?

1사분면에 위치한 팀은 팀장의 리더십과 매니지먼트 역량이 모두 우수한 팀으로, 모범 팀이 될 가능성이 높고 팀장은 팔방미인 팀장이라 해도 과언이 아니다. 조직이 체계적이고 민주적으로 운영되며 잘 정비돼있어 성과뿐만 아니라 평판도 좋다. 팀 분위기가 전반적으로 좋아 직원의 사기와 목표를 달성하려는 의지가 높다. 직원들이 팀을 떠나는 조직 이탈률이 낮아 안정적인 운영이 가능하다. 직원들의 목표 달성 의지도 높아 자신감에 차 있고 도전적인 모습을 보이며 직원 간 소통과 협업이 활발하다.

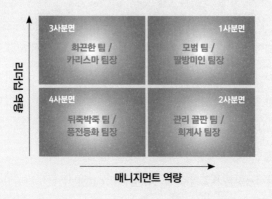

2사분면은 관리 끝판 팀으로 부르고 회계사 팀장이라 부를 수 있다. 리더십 역량은 약하지만 매니지먼트 역량은 강한 팀으로, 제조업군이나 업력이 오래된 기업에서 많이 보인다. 스탭 직무처럼 통상적인 경영 활동을 하는 팀도 매니지먼트 역량이 대체적으로 강하다. 이런 팀은 관료적이고 통제 위주의 팀 문화를 가지고 있으며 변화에 적응하기 어려운 특징이 있다. 이런 팀장은 다양한 관리 지표를 통해 목표 달성 방법을 찾고 효과보다는 효율성에 초점을 두고 조직을 운영한다. 큰 변화가 없다면 그간 쌓인 조직 역량으로 목표를 달성할 수는 있다. 하지만 변화의 파고가 높을 때는 대응이 어려운 치명적인 약점을 갖고 있다. 젊은 직원 입장에서는 성장이 느리고 비전을 찾는 데 어려움이 있어 이탈률이 높게 나타난다.

3사분면은 화끈한 팀이고, 팀장은 카리스마 팀장이라 불러도 손색없다. 주로 스타트업처럼 창업 초기 회사나 새롭게 만들어진 조직에서 많이 관찰된다. 팀장이 열정적이고 혁신적이지만 팀이나 회사 전체적으로 안정되지 않아 위기를 쉽게 맞을 수 있다. 매니지먼트 역량이 받쳐주지 않는 리더십은 재앙으로 연결될 수 있음을 명심해야 하는 팀이 이런 팀이다. 신설 조직이나 스타트업처럼 주변 여건마저 열악한 상황이라면 팀장은 매니지먼트 역량 강화에 집중해야 한다. 최고 경영자나 임원 레벨에서 방향을 정하고 미래 비전을 보여주면 철저한 매니지먼트를 통해 그것이 실현될 수 있도록 해야 한다.

4사분면은 뒤죽박죽 팀이라 칭하고, 팀장은 풍전등화 팀장이라

할 수 있다. 팀장의 리더십 역량과 매니지먼트 역량이 둘 다 약한 조직으로 머지않아 위기를 맞이할 팀이다. 사내에서 확고한 지위나 이전의 커다란 기여가 없었다면 팀장의 자리와 팀의 존폐를 걱정해야 한다. 단기적으로 나쁜 의미의 펠로우십-사내 정치, 권모술수 등-이 뛰어나다면 자리보전은 할 수 있지만 역량을 보완하지 않는다면 성과는 점점 더 나빠지고, 직원의 마음도 얻지 못한다. 현재와 같은 경영 환경에서 이런 부류의 팀장을 계속해서 남겨두거나 승진시킬 일은 만무하다.

2장

나는 관리자(Manager)다.

우리는 운명공동체다

공정한 성과 관리 – 조직의 필수 조건이 되다

"사례 학습과 설명을 통해 매니지먼트 역량의 중요성은 이제 이해가 됩니다. 그렇다면 매니지먼트 역량의 실체, 즉 매니지먼트 역량을 개발하기 위해서는 어떤 스킬을 높여야 할까요?"

코치의 질문에 배 팀장은 잠시 생각에 잠겼다. 손에 잡힐 듯한 질문인데 딱히 답이 떠오르질 않았다.

"프로젝트 관리입니다."

"팀원 관리가 아닐까요?"

"목표 관리가 제일 중요할 것 같습니다."

"성과 관리가 더 포괄적일 것 같은데요."

코치는 현직 팀장다운 답변에 만족하며 이렇게 말했다.

"여러분이 답변 주신 것 모두 매니지먼트 역량을 구성하는 스킬이자 하위 역량인데요. 그중에서 가장 중요하고 우선돼야 할 것은 성과 관리 역량입니다. 성과 관리는 일의 결과를 관리하는 것으로 핵심은 일하는 과정을 관리하는 것Process management입니다. 팀 일을 팀장 혼자서 할 수는 없는 노릇이죠. 또 세세하고 내밀한 부분까지 알 수 없고, 알기 위해 피나는 노력을 할 필요도 없습니다. 팀장은 일하는 과정을 철저하게 관리하는 활동을 통해 직원이 진행하고 있는 일의 속성과 본질을 오히려 더 잘 이해할 수 있습니다.

팀장은 직접 일을 하면서 성과와 결과를 만들어내는 사람이 아니라 과정을 관리하는 활동을 통해 성과와 결과를 만들어낼 수 있도록 도와주는 사람입니다."

배 팀장이 자신의 처지를 생각하며 조심스레 질문을 했다.

"코치님, 제가 맡고 있는 팀은 저보다 연장자도 있고 신입도 있어서 연령의 스펙트럼이 굉장히 넓습니다. 그렇다 보니 제가 실무자처럼 직접 일을 하는 경우도 종종 있는데요. 이런 경우에도 문제가 될까요?"

"상황에 따라 팀장이 직접을 일을 해야 하는 상황이나 순간은 분명히 있습니다. 하지만 그건 예외적인 경우에 해당하고, 상황이 정상화되는 순간 직원에게 일의 역할과 책임을 명확하게 넘겨야 합니다. 물론 필요하다면 동료나 팀장의 관찰과 피드백이라는 이

중, 삼중의 안전장치를 만들어야 합니다. 성과 관리의 기본은 과정 관리라 해도 과언이 아닌데요. 그럼 과정 관리가 무엇인지 이어나 가 보겠습니다."

"코치님, 요즘 OKR이 대세라고 하던데 간단한 설명 좀 부탁 드립니다."

옆 조에 있던 패기 넘쳐 보이는 팀장이 질문을 불쑥 던졌다.

"예, 좋은 질문입니다. OKR을 설명하기 위해서는 먼저 MBO와 BSC에 대한 이해가 필요합니다."

▮ MBO, BSC, OKR 이해와 성과 관리

MBOManagement By Objectives는 목표에 의한 관리다. 경영학의 아버지라 일컫는 피터 드러커Peter Drucker가 계획 관리 방법으로 소 개해 기업과 다양한 조직에서 목표 관리 도구로 활용하는 관리 방 법이다. MBO는 직원이 조직 목표를 근간으로 직접 자신의 목표 를 설정하고 이 목표에 재량권을 가지고 달성을 위해 노력한다. 일 정 기간의 수행 결과를 자신이 세운 목표에 비춰 평가받아 오너십 과 책임감을 높이는 성과 관리 방식이다. 팀장과 직원은 목표 달성 을 위한 공동운명체로 맺어져 자발적인 협력을 가능하게 한다. 그 과정에서 팀장의 피드백과 코칭을 통해 성과를 높이고 직원의 동기부여에도 기여하는 등 긍정적인 면이 많다. 이는 'Plan – Do – See'와 같이 '목표 설정 → 목표 실행 → 성과 평가' 세 단계로 진행한다.

MBO는 인간은 본래 일을 싫어하는 것이 아니라 자기가 받아들인 일의 달성을 위해 스스로 통제하고 책임진다는 맥그리거McGregor의 Y이론적 인간관에 기초한 것이다. 권한을 직원들에게 적절히 위임하는 분권화와 자발적 참여가 전제 조건이다.

BSCBalanced Score Card는 MBO의 문제점을 보완하기 위해 개발됐다. 목표 수립에서 평가까지 '재무–고객–내부 프로세스–학습과 성장'의 네 가지 성과 지표를 필수 도입하여 개인 목표가 조직에 실질적인 도움이 되도록 관리하는 것이다. 목표 설정과 평가에서 균형을 이뤄야만 조직과 개인은 조화롭게 성장할 수 있고 지속적인 성과 창출도 가능하다.

OKRObjective & Key Results은 최근 한국 기업도 속속 도입하고 있는 추세다. 인텔의 전 CEO인 앤디 그로브Andy Grove가 창안하여 구글을 거쳐 실리콘밸리와 최근 주요 기업으로 확대되고 있는 성과 관리법이다. 조직 차원에서 목표를 설정하고 결과를 추적할 수 있도록 해주는 목표 설정 프레임 워크다. 기존의 1년 주기 성과 관리는 빠르게 변화하는 경영 흐름에 편승하기 역부족이기 때문에 3

개월마다 팀 단위의 성과 평가를 진행하는 방식이다.

구글은 3-3-3원칙을 마련하여 3개월마다 팀과 개인 단위의 목표 3개와 핵심 결과(성과) 3개를 정하고 성과를 평가하는 방식으로 전환함으로써 성과 관리의 기간과 목표는 줄이면서 전체 성과가 향상되는 결과를 얻었다.

방법론이나 솔루션보다 중요한 것은 개인이 주도적으로 목표를 설정하는 것이다. 그리고 팀장은 과정 관리를 통해 공정하고 객관적으로 평가하는 것이다.

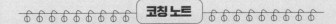

과정 관리를
잘한다는 것은?

일머리는 일의 단계, 주체, 관련자와의 관계는 물론 직원이 해야 할 것과 팀장이 챙길 것을 잘 알고 확인하는 능력이다. 일머리를 알면 일의 성공 확률이 높아 HR 부서나 임원 레벨에서 팀장 선임을 결정할 때 그 일의 전문가나 유사한 경험이 있는 사람을 먼저 찾는다.

일의 프로세스는 계획-실행-평가Plan-Do-See가 기본이며 일을 하는 주체는 언제나 사람이다. 일할 때 그 일의 마지막 모습End picture(결과)을 명확히 해야 한다. 그래야 어떤 상태가 성공한 상태이고 얼마나 성공했는지 알 수 있기 때문이다. 계획Plan(계획 수립) 단계에서 얼마나 꼼꼼하고 완벽하게 계획을 세웠느냐에 따라 실행 단계에서 나올 결과물의 양, 질, 시간Quantity, Quality & Time이 결정된다. 실행Do 단계에는 여러 사람과 조직이 관련된 경우가 많기 때문에 기획자와 실행자 사이 그리고 실행자와 실행자 사이에 소통이 중요하다. 실행 후에는 평가See 단계를 거쳐 성공(또는 실패)한 정도를 확인하고, 성공(또는 실패)한 이유와 다음에 어떻게 할 것인지 인사이트를 남기고 공유해야 한다.

선진 기업이 도입한 후에 보편화된 MBO, BSC, 최근 여러 조직에서 도입하고 있는 OKR도 직원이 자기 주도로 목표를 설정해야 높은 오너십을 가지고 일하며, 최대한 공정하고 객관적으로 평가해야만 동기부여가 된다는 사람에 대한 본질적인 통찰이 녹아있는 성과 관리 활동이다.

무엇을 어떻게 관리할 것인가?

설명을 마친 코치는 질문을 통해 자연스레 본격적인 강의 주제인 성과 관리로 넘어갔다.

"평가(측정)하지 않으면 관리할 수 없다는 말을 들어보셨을 텐데요. 여러분은 팀장으로서 팀원의 어떤 것을 평가하나요?"

잠시 주춤하며 즉각적인 대답이 나오지 않자 코치는 다른 방향으로 질문을 바꿨다.

"그럼 차후 팀원의 평가를 위해 평소 PC나 노트에 어떤 것을 메모나 정리해두시나요?"

"저는 제가 지시한 업무의 처리 상황을 간략하게 메모해놓습니다."

다른 조에서 시원시원하게 답변했다.

"제가 맡은 역할이 영업팀장이라 회사 시스템에서 매일, 매주 단위로 결과가 나오기 때문에 별도로 평가하지는 않습니다. 영업에서는 숫자가 깡패요, 전부잖아요."

C손해보험사에서 특수영업팀을 맡고 있는 최 팀장이 대답했다.

코치가 답변을 이어받아 마무리했다.

"평가는 보상과 직결되는 중요한 이슈이기에 할 수 있는 만큼 최대한 객관화하고 수치화하고 정교해야 합니다. 과정도 공정해야 하고요. 배고픈 건 참아도 배 아픈 건 못 참는다는 말이 있는데, 배아픔(공정성 이슈)이 배고픔(보상과 인센티브 이슈)을 넘어선다는 우리 선조들의 통찰이 담겨있습니다. 일하는 과정에서 관찰한 성과나 행동, 조직 문화나 팀워크를 좌우할 수 있는 특이한 습관이나 태도 등을 메모해야 합니다. 단지 메모에서 그치는 것이 아니라 적절한 타이밍에 피드백 시간을 가져야 합니다. 그렇다면 성과 관리를 잘하기 위해 맨 먼저 어떤 일부터 시작해야 할까요?"

"목표 설정입니다."

교육생 중에서 팀장 경험이 가장 많은 K전자 이 팀장이 자신 있게 답했다.

"목표 설정을 제대로 해놓지 않은 상태에서 의욕만 높으면 무조건 열심히만 하는 상태가 되고 맙니다. 열심히 하는 게 나쁘거나 문제는 아니지만 무턱대고 열심히 한다고 좋은 성과가 나오지는 않죠. 방향이 틀리면 속도는 의미가 없다는 말이 있는데, 이런 경우를 두고 하는 말입니다. 팀장님이 열심히 하면 할수록 팀에 해가 되고 독이 되는 아이러니한 상황이 벌어지고 마는 것이죠."

코치는 일반인으로 보이는 인물사진 두 장을 스크린에 띄웠다.

"왼쪽 사진은 실제 인물이 아닙니다. 제가 뒷담화할 선배와 이미지가 비슷한 가상의 인물입니다. 그 선배는 영업소장이었는데 아주 천재적인 기억력과 재미있는 표현으로 영업사원들이 좋아하는 사람이었죠. 신입사원 딱지를 갓 뗀 시절이라 지점장 주관으로 회의를 하면 저는 자료를 준비하고 세팅하는 일을 주로 맡았기에 회의 내용과 의사소통 메커니즘을 완벽하게 이해할 수는 없었습니다. 하지만 회의 후에 이야기 반응과 후일담으로 상황 파악은 어렵지 않았죠.

그 선배는 지점장이 도전적인 목표를 제시하거나 지점 전체의 월간, 분기 목표 이상으로 성과를 밀어붙이면 끝까지 기발한 핑계를 대며 불가능하다고 버텼습니다. 결국 지점장은 다른 영업소장에게 자신의 의지를 관철시키거나 전체에게 강제 할당하는 식으로 끝났습니다. 몇 년 후 IMF가 벌어졌고 관리직을 줄이고 영업소를 통폐합하는 대대적인 다운사이징Downsizing이 진행됐을 때 선배는 어떻게 됐을까요? 예상하듯 1순위로 옷을 벗었지만 지점장과 동료 소장 누구도 그 선배의 퇴장에 아쉬워하지 않았습니다.

이에 비해 오른쪽 사진에 있는 ○팀장은 도전적인 목표 설정이 개인과 조직에 얼마나 긍정적인 효과를 주는지 보여줍니다. 이 팀장은 학력이나 경력, 소위 스펙에서 A급은 아닙니다. 하지만 일에 대한 열정과 도전정신은 회사 내 최고라고 해도 과언이 아니었죠. 그는 긍정적이며 상사가 기대했던 것 이상으로 목표를 정합니다. "이거 정말 할 수 있겠어? 안 되면 당신이나 팀원 모두 힘든 상황이 될 텐데 괜찮을까?"라고 상사가 오히려 걱정해주는 수준이었죠.

하지만 마법이라도 부리는 것처럼 불가능할 것 같은 계약이 성사되고 새로운 접근으로 문제를 해결해냅니다. 이런 팀장을 상사가 어떻게 싫어하겠습니까? 이런 팀장을 누가 스펙으로만 판단하겠습니까?

게다가 그는 성품과 리더십 면에서 팀원들의 절대적인 신임을 받았고, 팀장이 힘들어하면 직원이 나서서 회식을 자처해 화기애애한 분위기를 만들기까지 했습니다."

사례와 설명을 경청하던 배 팀장이 심기가 불편한 듯 조용히 손을 들었다.

"코치님, 도전적이고 공격적인 목표와 달성 가능한 목표를 수

팀장, 바로 당신의 조건

립한다는 말은 이율배반적이라 팀장 입장에서 현실적인 타협점을 찾기가 쉽지 않습니다. 특별한 노하우나 방법이 있나요?"

코치는 당황하는 표정이었지만 이내 여유를 찾았다.

"배 팀장님, 좋은 지적이자 질문입니다. 사실 그런 접점의 목표를 찾아내기 위해 고민하고 궁리하는 게 팀장이나 고위 관리자의 역할입니다. 통상적으로 관리자가 실무를 직접 하지는 않습니다. 그렇기에 생기는 시간적인 여유를 새의 눈으로 상공에서 숲 전체를 내려 보며 적절한 목표 수준을 찾아내는 데 활용해야 합니다.

궁즉통窮則通이란 말을 들어보셨을 겁니다. 궁하거나 불리한 처지에 있으면 도리어 해결할 방법을 찾는다는 말이죠. 사람은 해법이 보이지 않으면 완전히 몰입하게 되고 결국 해결책을 찾아내곤 합니다. 최근 미국의 경영학자들은 창의적 성과와 위기 돌파를 위해서 일부러 자원을 부족하게 주라고 조언합니다. 이는 인간에 대한 깊은 이해에서 나온 통찰력이라고 봅니다. 따숩고 배부르면 고난을 금세 잊고 그러다 결국 새로운 고난을 맞는다는 말도 있지 않습니까?

제가 현장 직원들의 반응을 정리해봤습니다. 어떤 상황인지 맞춰보세요. 자, 첫 번째입니다."

- 올해 목표 달성은 애저녁에 글러 먹었네.

- 올해도 인센티브는 남의 나라 잔치가 되겠군.

- 도대체 누가 이따위 목표를 정한 거야?

- 지들이 직접 해보라 그래. 이게 가능하기나 한 이야기야?

"우리 직원들이 연초마다 술자리에서 자주 하던 말이 아닌가요? 아니 여러분들도 실무자 때 이렇게 반응하지 않았나요?
이런 반응도 있습니다."

- 와~ 목표 살벌하네. 올해도 빡세게 하지 않으면 쉽지 않겠네.

- 우리 팀 여름휴가는 다 갔다. 작년에도 이래서 휴가 가느라 죽을 뻔했다고….

- 아이고, 우리 팀장님 불쌍해서 어쩌냐!

- 하여튼 우리 상무님 대단해. 딱 죽지 않을 만큼 일해야 한단 이야기네.

"얼핏 보면 그 말이 그 말 같지만 분명히 다릅니다. 하나는 도전해보고 싶지 않은 무리한 목표에 대한 반응이고, 하나는 힘들긴 하지만 달성 가능성이 있는 도전적인 목표에 대한 직원들의 반응입니다."

팀장, 바로 당신의 조건

"이번에는 직원들과 면담, 목표 확정을 위한 면담에 대해 살펴보겠습니다. 팀장의 역할 중 가장 어려운 점으로 언제나 랭크되는 게 면담입니다. 그만큼 면담은 팀장에게 스트레스이자 어려운 일입니다.

긴급 질문 하나 드리겠습니다. 면담을 잘하면 어떤 점이 좋을까요?"

"인간적인 친밀감을 쌓기 좋습니다."

"업무 효율이 올라갑니다."

"불필요한 오해나 갈등을 줄일 수 있습니다."

다양한 답변이 오가던 그때 국내에서 몇 년 전 정리해고 문제로 시끄러웠던 기업에서 온 팀장이 질문했다.

"코치님, 팀장이 면담을 잘해서 신뢰가 쌓이고 친밀감이 쌓이는 게 무조건 좋은 일은 아닌 것 같습니다. 저희 회사의 경우, 정리해고 시기에 팀 관리를 잘했던 팀장이 더 스트레스 받고 힘들어했습니다. 자신을 믿고 따르던 사람을 자신이 지명해서 내보내야 하는데, 면담 때 해줬던 말이 오히려 자신을 옭아매는 것 같은 기분이었다고 하더라고요."

"김 팀장님, 좋은 답변과 경험을 통한 질문 감사합니다. 그렇다면 이제 직원들과 면담할 때 팀장이 꼭 지켜야 할 것과 결코 하면 안 되는 것을 살펴보겠습니다."

해야 할 것	하지 말아야 할 것
• 열린 마음으로 경청 • 관심과 애정 • 구성원을 객관적으로 평가하고 성과 향상과 성장을 돕겠다는 진정성 • 구성원의 입장을 고려한 쌍방향 소통 • 잘한 것에 대한 칭찬과 인정 • 팀장이 실수하거나 놓친 것에 대한 사과와 정정 • 구성원의 장점을 찾아 자존심을 세워줌 • 개선해야 할 사항에 대한 명확한 지적	• 구성원의 결점을 파헤치려는 의도로 듣고 싶은 것만 듣기 • 권위적이고 강압적인 분위기 조성 • 일 년에 한두 번씩 어쩔 수 없이 해야 한다는 의무감 • 팀장 입장에서만 일방적으로 진행 • 구성원이 실수한 것에 대한 맹렬한 비판 • 자신의 실수와 행위는 철저하게 외면 • 구성원의 단점만 찾아 자존감 건듦 • 개선해야 할 점에 대한 애매모호한 지적

"상식적이고 당연한 것 투성인데 실제로는 잘 지켜지지 않는 게 현장의 문제입니다. 이런 사소하고 상식적인 것들이 지켜지지 않는 데는 직원을 무시하거나 깔보는 팀장의 속마음이 반영돼있습니다.

직관적인 이해를 위해 목표 확정을 위한 면담 자리라고 가정을 해보겠습니다. 여러분은 S상사 영업1팀장입니다. 여러분의 직원 중 김 대리가 내년 1년 동안 관할 지역에서 20억 원의 매출을 달성해야만 팀의 목표를 달성하는 데 무리가 없다고 합시다. 이 정도 수준의 목표가 적당하다는 것은 팀장도 알고, 김 대리도 알고 있습니다. 하지만 김 대리는 자신에게 유리한 합의를 위해 18억 원으로 목표를 잡아서 면담장에 나타났습니다.

여러분이 팀장입니다. 어떻게 해야 할까요?

1번, 쿨하게 18억 원에 합의한다. 2번, 팀장이 더 높여 22억 원으로 윽박지른다. 3번, 18억 원과 20억 원 중간인 19억 원에서 합의한다. 4번, 20억 원을 고수한다."

절반 정도 교육생이 4번에 손을 들었다. 두 명은 괘씸죄에 걸렸으니 22억 원으로 밀어붙여야 한다고 했다. 배 팀장은 20억 원에 손을 들었지만 실제로 본인은 19억 원과 같은 상황에서 마무리했던 기억이 떠올랐다.

"정답은 여러분이 가장 많이 동의한 20억 원 또는 그 이상에서 확정해야 합니다. 당연히 20억 원 이상은 달성하기에 버거운 목표입니다. 목표 설정 시 합의의 원칙은 직원의 역량을 넘어서는 도전적인 수준에서 해야 한다는 겁니다. 목표 달성에 부족한 역량이나 자원은 팀장이 커버하거나 다른 팀원들과 팀워크를 통해 해결하는 것이 팀이라는 조직을 운영하는 팀장의 올바른 역할입니다.

최악의 결과는 19억 원에서 합의하는 겁니다. 그렇게 합의하면 다음번 결정이나 다른 직원의 결정에 반복적으로 영향을 끼쳐 중간점에서 쉽게 마무리하려 들게 됩니다."

"이번에는 '팀장은 면담 머신'이란 주제의 롤플레이 게임을 해볼까 합니다. 각 조별로 상황을 하나씩 드리겠습니다. 각 조에서 한 명은 팀장, 한 명은 직원으로 역할을 정하고 나머지 세 명은 관찰자로서 잘한 점과 개선할 점에 대해 피드백하는 역할을 맡겠습니다."

팀장은 면담 머신 롤플레이

1조

김 과장은 전체 팀 목표 중에 자신의 비중이 너무 높다고 불평한다. 특히 팀 내 라이벌로 생각하는 박 과장보다 자신의 목표가 높은 것에 신경이 곤두서 있다.

2조

최 차장은 자신이 맡은 업무 목표 중 시간이 촉박해서 도저히 납기일을 맞출 자신이 없다며 조정해주거나 다른 사람에게 넘길 것을 요청한다.

3조

• 정 대리는 부서를 옮기고 나서 처음 받은 목표가 너무 높다고 생각해 심각한 우울증에 빠졌다.

팀장, 바로 당신의 조건

- 몇 년째 같은 일을 하는 오 차장은 올해 일에도 관심이 없고 목
  표도 식상해하며 매사에 의욕이 없는 모습이다.

4조

팀 내 최고참인 문 차장은 매년 세우는 목표 설정에 시큰둥하다.
어차피 계획대로 되지도 않을 것을 왜 이리 호들갑 떠는지 못마땅
하다.

5조

갈 차장은 팀 공통의 업무에는 당최 관심이 없다. 자신의 목표에
서 공통의 업무에 해당하는 것은 제외해줄 것을 팀장에게 강력하
게 요청하고 있다.

막상 상황이 주어지니 각 조에서 팀장 역할을 맡은 교육생들
은 곧바로 상황에 몰입하여 직원을 어르고 달래느라 여념이 없다.
곳곳에서 관찰자의 웃음소리와 탄성이 터져 열띤 분위기 가운데
롤플레이가 마무리됐다. 코치는 진행된 사례에 핵심 피드백을 시
작했다.

‖ 양 코치의 원포인트 레슨

다른 직원과 비교하여 목표가 높다고 반응할 때

팀장으로서 난감할 때가 직원끼리 서로의 잣대로 비교하고 불공정하다며 압박할 때다. 객관적이고 공정하게 목표를 할당하고 결과도 제대로 평가하고 싶은 것이 모든 팀장의 기대 사항이다. 하지만 목표 수립 단계부터 불평불만과 공정성 시비에 휘말리면 시작부터 진이 빠지고 만다. 이때 팀장이 어느 한 사람의 편을 드는 순간 팀 분위기와 사기는 나락으로 떨어진다. 팀 분위기가 돌변하는 것보다 팀장에게 더 두려운 것은 팀장에 대한 신뢰가 무너져 내리는 것이다.

"무조건 공평하게 세팅했으니 팀장을 믿고 따르라"라고 할 것인가, 아니면 "왜 다른 사람의 목표에 신경을 쓰느냐?"라며 호통칠 것인가?

이상적인 접근은 전체 팀원의 목표를 제출받기 전부터 충분히 시뮬레이션을 해보는 것이다. 팀원들은 각자 입장과 관점에서 생각할 수밖에 없고 팀장만큼 전체를 볼 수 있는 시야와 정보가 부족하다. 따라서 함정과 오류가 있기 마련이다.

Best Care: 김 과장은 박 과장보다 목표가 높다고 생각하는 것 같은데, 나는 김 과장의 일에 대한 열정과 몰입, 성장에 대한 의지를 잘 알고 있어. 따라서 올해는 더 도전적으로 일하기에 좋은 시기인 것 같아. 우선 도전해보자고. 만약 진행 과정에서 어려운 문제가 있으면 내 선에서 직접 지원할 테니 초반부터 위축되지는 마!

기간이 촉박한 목표라고 반응할 때

시간에 쫓기면 전체 판을 제대로 볼 수 없고 시야가 좁아지며 자신의 실력을 제대로 발휘하기 힘들다. 시간에 쫓기면 스트레스도 훨씬 많이 받는다. 그렇기 때문에 직원에게 시간이 촉박한 과제를 할당해야 할 때는 경험, 역량, 스트레스 내성(회복탄력성, Resilience) 등을 고려해 결정해야 한다. 해당 직원이 시간이 촉박한 과제로 스트레스를 받거나 '왜 이런 일은 항상 자신에게만 주는가?'라는 반응을 보이면 팀장이 할 수 있는 투입 가능한 자원 지원을 약속하고 실천한다. 그래야 다른 직원도 촉박하거나 급하게 떨어지는 과제를 안심하고 맡는다.

시간이 촉박한 과제를 실수했을 때는 회복할 시간적 여유가 없기 때문에 업무 숙련도가 높은 직원을 선택할 수밖에 없다. 따라서 급한 과제라면 서포트 인력을 붙여준다. 이로써 차후 비슷한 상황이 발생할 때 수습이 가능한 경험자를 한 명 더 만들어놓을 수 있게 된다.

'그건 그때 가서 생각하고…'라고 생각하거나 '내년에 이 팀을 다시 맡을지 안 맡을지도 모르는데 오버하지 말자'라는 생각은 무책임한 자세다.

목표 달성에 자신감 없어 하거나 목표 자체에 식상하게 반응할 때

팀장은 직원이 자신감이 없어 할 때 역량이 낮아서인지, 경험이 부족해서인지, 심리적인 요인인지, 개인적인 사정이 있는지 확인해야 한다. 익숙하지 않거나 경험해보지 않은 일에 불안감이나 거부감을 보이는 건 당연하다. 하지만 조직에서 잘할 수 있거나 해본 일만 할 수는 없기 때문에 이는 팀 역량이 퇴보하는 지름길이 된다.

역량과 경험의 문제라면 새로운 기회를 통해 자연스럽게 쌓이는 것이란 사실을 짚어주고 앞서 비슷한 일을 해봤던 동료나 팀장이 직접 지원할 수 있도록 협업 분위기를 조성해야 한다. 그렇게 서로 인수인계를 철저히 해주는 분위기를 만드는 것이다. 더불어 팀장이 가진 정보나 자료는 아낌없이 공유한다. 팀장이 자료를 아낀다고 뭔가 달라지거나 득이 되는 상황은 거의 오지 않는다. 오히려 정보와 자료를 적극적으로 공유함으로써 팀장에 대한 신뢰와 존중감을 높이고 불필요한 일로 시간을 허비하는 걸 막을 수 있다.

목표를 식상하게 생각하는 직원은 대부분 고성과자다. 같은 일을 반복하다 보면 매너리즘Mannerism에 빠지는 게 이치다. 하지만 일을 식상해하고 흥미를 느끼지 못한다고 그 직원을 위해 일을 바꾸거나 계획에도 없는 일을 줄 수도 없다. 또한 그래서도 안 된다.

이럴 때는 지금보다 도전적인 목표를 부여해주는 것이 좋다. 목표는 달성하기 위해 있는 것이지 걸어놓고 자기만족을 위해 있는 것이 아니다. 힌두교 속담에 "다른 사람보다 내가 더 나아 보일 때 내가 고귀해지는 것이 아니라 내가 과거의 나보다 더 나아졌을 때 비로소 고귀해진다"라는 말이 있다.

팀장은 직원이 다른 사람을 비교 대상으로 삼는 것이 아니라 자기 자신, 그것도 자기 과거 성과를 넘어서는 것이 중요하다는 것을 강조해야 한다.

구체적인 행동 계획을 세우는 것을 불필요하다 반응할 때

계획 세우는 것을 어려워하거나 부담스러워하는 직원들이 있다. 이들은 크게 두 부류로 나눠 생각할 수 있다. 하나는 구체적인 행동 계획을 세우면 자신의 일거수일투족一擧手一投足을 팀장이 감시하거나, 나중에 자신이 저지른 실수나 업무가 지연되는 상황에서 빼도 박도 못 하게 된다고 생각하는 사람들이다. 다른 하나는 계획적으로 일하는 부류가 아니라 즉흥적이고 비체계적으로 생각하고 일하는 사람들이다. 이들은 체계적이고 꼼꼼한 계획을 세우는 것 자체가 불편하고 체질에 맞지 않는다고 생각한다.

직원이 어느 쪽이든 구체적인 행동 계획을 세우지 않는 것에 관대하면 안 된다. 팀원이 많고 여러 기능적인 일이 포함된 대 팀제 팀장이라면 특히 더 일을 최대한 구체화하고 잘게 쪼개 세분화해야 한다. 그래야 팀원 전체의 일과 진행 상태를 한눈에 파악할 수 있다. 어떤 일에 언제 개입할지, 개입의 정도는 어느 정도가 적당한지, 누구와 누구를 협업시켜야 하는지, 특정 일에 누구를 추가로 지원할지 등 객관적인 판단을 내릴 수 있기 때문이다.

꼼꼼히 계획하는 것을 두고 페이퍼 워킹Paper working으로 몰아세우려는 사람들이 있다. 여기서 분명히 할 것은 계획을 세운다는 것은 불필요한 페이퍼 워킹을 하라는 것이 아닌, 사전에 반드시 고민하고 시뮬레이션을 하여 대비하라는 의미다.

"한번 엎질러진 물은 다시 담을 수 없다"라는 말이 있다. 무턱대고 실행하다가 실수나 실패를 하면 원위치로 돌리는 데 훨씬 많은 회사의 자원과 시간이 필요하다. 그것을 막는 일까지 포함된 것이 '계획'인 것이다.

공동 목표에 관심이 없고 맡지 않으려 반응할 때

공동의 책임은 무책임이라는 말이 있듯이 처음부터 공동의 목표에 오너십으로 몰입하는 걸 좋아하는 사람은 없다. 팀장에게는 공동의 목표든 개인의 목표든 자신의 목표이자 팀의 목표다. 조직은 그 특성상 어쩔 수 없이 여러 일이 복잡하게 얽혀있다. 여러 사람이 얽혀있는 일은 책임 소재가 불분명하기 때문에 공과를 따지기도 쉽지 않다.

우리 정서상 귀찮고 사소한 일들은 후배에게 시키거나 굳이 시키지 않아도 알아서 챙기는 것을 미덕으로 삼고 있어 더 그렇다. 눈치가 빠른 사람은 공동의 목표를 아무리 잘해도 그 공이 자신의 공으로 오지 않을 것을 알기 때문에 싫어한다. 후배들은 사소하고 귀찮은 일만 하게 되고 역량은 늘지 않는다고 싫어한다.

따라서 언제나 팀 전체의 합을 키우는 것이 팀장의 가장 중요한 업무다. 개인의 일보다 전체의 일을 우선하고 그렇게 행동하는 직원이 평가와 보상의 상대적 이익을 얻을 수 있도록 끝까지 챙겨야 한다.

팀장에게 약이 되는
좋은 목표의 조건은?

팀장이 팀 목표를 제대로 세팅해야 직원도 개인 목표 설정을 잘할 수 있다. 팀장은 팀을 대표하므로 팀장의 목표는 팀장 개인의 목표가 아니라 팀이라는 조직의 목표다.

첫 번째, 좋은 목표 조건은 도전적이고 다소 공격적이어야 한다. 인간의 능력은 우리가 알고 있는 것보다 훨씬 뛰어나다. 어떤 일을 시도해보기 전에 자신의 한계를 미리 정하는 것은 대단히 불행한 일이다. 이전에 달성한 성과는 자신의 한계가 아닐 가능성이 있다. 자신의 기록과 성과를 획기적으로 뛰어넘은 사례는 수없이 많으며 지금도 각 분야에서 세워지고 있다. 성공한 기업이나 성장하는 조직의 초반 비전이나 목표도 시작 시점에는 황당하기 그지없었다. 연초에 세운 목표를 보면 도대체 팀장이나 담당 임원이 제정신으로 세운 목표인가 싶을 정도로 과한 것도 있다. 하지만 그런 도전적인 목표를 달성하라고 팀을 만들고 팀장에게 자원과 권한을 주고 자원에 대한 통제력 등을 팀원에게 배부, 공유하게 하는 것이다.

두 번째, 팀 목표를 상위 조직의 목표와 정렬시키고 상위 조직의 목표 달성에 적극 기여해야 한다. 팀장의 목표는 상위 조직인 사업

부나 본부의 목표 달성에 공헌해야 하는 건 당연하다. 상위 조직의 목표 속에 자신의 팀 목표가 구체적으로 포함돼있지 않을 수도 있다. 그렇더라도 팀의 존재 이유와 합의된 역할에 맞게 상위 조직의 목표 달성을 지원할 수 있는 기회를 탐색하고 과제화해야 한다.

세 번째, 도전적이지만 달성 가능성이 있어야 한다. 목표를 과하게 높게 잡으면 시도도 해보기 전에 포기하는 최악의 사태가 벌어진다. 많은 조직이 연초에 MBO나 BSC 방식으로 KPI를 수립한다. 이때 상위 조직에서 현실과 상황을 무시한 채 목표를 비현실적으로 높게 부여한다. 목표를 최초 공개하는 선포식이나 전략회의 자리에서는 폼나고 멋져 보일지 몰라도 결국 시작부터 목표 달성 의지를 상실하고 포기한 채 일에 몰입하지 못하는 상황을 마주하게 된다.

네 번째, 직원에게 명확한 가이드가 되고 일에 몰입하게 만들어야 한다. 목표가 잘 설정되면 그 자체가 해당 기간 동안 직원의 가이드이자 나침반이 된다. 팀장이 빠지기 쉬운 함정 중 하나는 직원들이 쉽고 편하게 목표를 달성할 수 있도록 지름길을 알려주거나 기대 수준을 조정해주는 일이다. 그렇게 함께 일하고 싶은 상사, 편한 상사로 비치길 원하는 것이다. 이런 행동은 직원의 근성과 역량 그리고 팀워크 만들 기회를 원천적으로 박탈하는 의도하지 않은 부작용이 생긴다. 다양한 최근 연구에 따르면 팀워크는 자원은 부족한데 할 일은 많고 목표 달성도 쉽지 않은 어려운 순간에 빛이 발휘된다고 한다.

기록은 기억보다 강하다

"지금까지 성과 관리의 첫 단계인 목표 설정 부분을 학습했습니다. 질문이 있으면 질문을 받고 다음 단계로 넘어가겠습니다."

그러자 배 팀장이 용기를 내어 질문했다.

"팀장과 팀원 사이 목표 합의를 했다지만 대부분 팀장의 의도나 요구대로 설정됩니다. 저도 직원 시절을 되돌아보면 시작부터 일할 맛이 나지 않을 때가 많았어요. 무슨 방법이 없겠습니까?"

"예, 배 팀장님. 이 시점에서 이런 좋은 질문은 우리가 강의 계획을 잘 짰다는 증거라서 좋습니다. 질문에 대한 답변으로 다음 단계인 과정 관리와 중간 점검 단계로 넘어가겠습니다."

배 팀장은 멋쩍은 웃음으로 화답했다.

"목표는 수립이 아닌 달성에 의의가 있습니다. 따라서 목표는 과정에 세밀한 관리가 필요합니다. 현재의 1년은 많은 변화가 일어나는 긴 기간입니다. 방향이 맞지 않다면 속도는 의미가 없어요. 방향이 잘못됐는데 속도를 낸다면 목적지와 한참 멀어지는 상황이 벌어지고 말겠죠. 팀장이 바쁘다는 이유로, 직원이 알아서 잘하겠지라는 막연한 희망으로 중간 관리를 하지 않거나 소홀히 하면 조직에 어떤 일이 벌어질까요?

팀이 아니라 각자의 개인 플레이, 마치 따로국밥처럼 되겠지요? 따로국밥! 직원들은 서로 다른 능력과 경험, 일에 대한 동기와 몰입의 정도가 다르기 때문에 한 방향으로 정렬되는 건 사실상 불가능에 가깝습니다. 아무리 좋은 멤버로 구성된 팀이라도 잘하는 사람은 그에 맞는 방법으로, 부족한 사람도 적합한 방법으로 일하도록 과정을 관리하는 것이 팀장입니다. 중간 관리이자 과정 관리자가 팀장의 할 일인 것이죠. 과정 관리를 못 하는 팀장, 결국 자기 일을 못 하는 팀장이 직원들에게 자주 쓰는 표현이 뭔지 아세요?

'그래서 결론이 뭐야?'와 '됐고! 결론만 말해!'입니다."

"제가 웃픈 이야기 하나 하겠습니다. 제가 모셨던 임원 중에 함께 근무하던 일 년 반 동안 '양 과장, 어디 살지?'를 열 번은 물어본 사람이 있었습니다. 물론 물어볼 때마다 저는 마치 처음 듣는 질문처럼 '행신동 삽니다'라고 답했지만 유쾌하지 않았습니다. 만약 본인이 그룹 회장님께 취미를 묻고 답을 들었다면 아마 죽을 때까지 잊지 않았겠죠."

▌▎ 과정 관리의 핵심인 관찰과 피드백

진정한 프로는 과정까지 관리를 잘하는 사람이다. 결코 결과
로만 말하는 사람이 아니다. 우리는 결과만 강조한 결과주의 폐해
를 많이 봐왔다. 일하는 과정에서 관리자가 먼저 오너십과 책임감
을 갖고 들여다봐야 한다. 적절한 때에 피드백을 줬다면 대부분 사
고를 막을 수 있었거나 훨씬 더 작은 피해에 그쳤을 것이다.

무조건 빨리 끝내야 한다는 시간 중심의 평가, 가능한 싸게
해야 한다는 비용 우선의 평가, 일단 많이 해야 한다는 매출액이나
손익 위주의 평가 기준이 과정이라는 중요한 프로세스를 무용지물
로 만들고 만다. 결과와 결론만을 중요하게 생각하는 조직에는 개
인 역량이 조직 역량으로 쌓이지 않고, 도돌이표처럼 계속 비슷한
역량 범위 내에서 겉돌게 된다. 과정 관리는 개인 역량을 높이는
것은 물론이고, 조직 역량을 개인 역량의 합보다 크게 쌓기 위해
반드시 필요하다.

관찰을 통해서 사실을 발견해야 부족한 것을 지원하든, 잘못
되고 있는 부분을 지적하든 바로잡을 수 있는 적기를 놓치지 않는

다. 모든 사건은 발단, 전개 과정, 결말이 있다. 발단부터 전개 과정을 전체적으로 관찰하고 살펴봐야 결말이 제대로 이해된다. 충분한 관찰이나 사실에 근거한 증거 없이 누군가를 판단하고 평가하며 재단하는 것은 위험천만한 일이다. 역사도 승자가 의도적으로 왜곡했거나 기록자의 주관적이고 직관적 판단으로 사실과 다르게 기록된 경우가 많다. 팀장은 일이 진행돼가는 과정과 새롭게 발생한 문제와 이슈가 최초에 어디서 발단됐는지 파악할 수 있어야 한다.

가까이에서 직접 관찰하지 않고 평가를 내리는 것, 특히 사람에 대한 정서적인 평가를 내리는 것은 가볍게 할 일이 아니다. 만약 팀장이 특정 관점이나 시각에 사로잡혀 있으면 그나마 객관적으로 관찰할 수 있는 찰나의 순간도 놓치기 십상이다. 그렇게 내 앞에서 펼쳐진 어떤 이슈조차 제대로 파악하거나 대응하지도 못하는 어리석음을 범할 수 있다.

관찰했으면 기록으로 옮겨야 한다. "기록은 기억보다 강하다"는 말이 있다. 기록은 잊지 않기 위해서가 아니라 기록한 후에 잊어도 되기 때문이라도 꼭 해야 한다. 팀장이 관찰하고 기록할 수 있는 순간은 수없이 많다. 회의나 보고, 업무 지시와 면담, 워크숍이나 프레젠테이션, 교육 등 많은 순간 직원과 자신의 장단점을 남길 수 있다. 직원들끼리 상호관계를 볼 수도 있고 말로 직간접적으로 표현하기도 하며 표정으로, 바디 랭귀지로 시그널을 보내기도 한다. 이때 팀장이 촉을 바짝 세우고 관찰하면 수많은 피드백 거리와 팀장이 개입할 수 있는 순간들을 포착할 수 있다. 이렇게 알게 된 것을 기록하고 일대일 면담 또는 팀 미팅을 통해 전달하면 불필요한 오해나 불신, 불협화음이나 마찰을 상당수를 예방하거나 초기에 대응할 수 있어 확산을 막을 수 있다.

또한 팀장은 관찰에서 끝내는 것으로는 충분하지 않다. 관찰한 내용을 개인별 파일이나 노트에 정리·기록을 해놔야 한다. 그렇게 할 때 객관적이고 입체적으로 피드백할 수 있다.

직원에게는 팀장이 회사고 곧 조직이다. 직원이 말한 내용을 정확하게 기억하고 확인하는 것이 팀장, 아니 회사와의 신뢰 형성의 시작이다. 그렇게 기록은 성과 평가에서 객관적이고 공정하게 사용돼야 한다.

팀장의 기록 노하우

1. 기록한 후에 정서正書하는 시간을 별도로 마련한다.

기록은 별도의 시간을 투자할 만큼 가치 있다. 기록에서 더 나아가 기록한 내용을 정서하며 정리하는 시간을 가져야 한다. 자신이 쓴 메모라도 급하게 작성한 것은 시간이 지나면 알아보지 못할 때가 많다. 메모한 내용을 다시 한번 정리한다는 것은 사건을 재구성하는 것이고 전체 맥락을 다시 살펴보는 것이다. 왜 이런 말이나 행동을 했는지 생각할 수 있는 성찰과 재발견의 시간이 되기도 한다. 면담이나 회의를 하면서 하는 메모는 논리나 시간의 흐름에 따라 작성되지 않을 때가 대부분이기 때문에 재정리는 필수다. 이렇게 정리한 기록이 비로소 기억을 보완하는 파트너 대접을 받을 수 있다. 이순신 장군도 아비규환阿鼻叫喚의 전쟁터에서 벌어진 상황과 과정, 결과를 꼼꼼히 기록하고 이것을 정리했기 때문에 임진왜란의 실체적 진실을 알릴 수 있었다.

2. 기록을 체계적으로 데이터베이스화해야 한다.

과거에는 직원별로 엑셀에 시트를 만들어 주요 관찰 내용을 정리했으나, 요즘은 메모하기 편한 어플도 많이 있으니 기록한 것을 데이터베이스화하는 게 좋다. 세부적인 내용까지 정리할 필요는 없다. 휴대폰은 365일 언제 어디서든 곁에 두기 때문에 직원과 피드백 면담 전에 메모했던 내용을 확인하는 데 더없이 유용하다. 어플은 자신의 취향에 따라 선택하면 된다. 흔히 야구를 데이터 게임이라도 하고 확률 게임이라고도 한다. 수많은 기록을 정리하여 데이터베이스화하고 이를 분석하여 조금이라도 확률이 높은 구단을 게임에 활용하기 위해서다. 무언가를 데이터베이스화하는 것은 부가적인 시간과 노력이 분명 필요하지만 투자한 시간 대비 충분한 효용성을 줄 수 있다.

3. 기록한 것은 수시로 확인해야 한다.

기록은 보고 또 보면서 재활용해야 한다. 가급적 기록한 원본과 수첩은 버리지 않고 일정 기간 보관한다. 그리고 다시 읽는다는 원칙을 세우고 지키는 것이 중요하다. 자신이 과거에 기록했던 내용을 보면 기억이 새록새록 돋아나면서 그때 상황이 오버랩된다. 팀장이 직원 자신이 한 말이나 행동, 신변잡기를 기억해주는 것만으로도 동기부여가 된다.

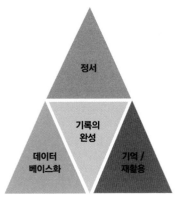

칭찬은 명확하게, 질책은 노련하게 – 그것이 팀장이다

"이번 순서는 팀장의 비장의 무기인 피드백입니다. 피드백은 크게 질책과 격려로 나눌 수 있습니다. 피드백은 우리말로 번역하기 참 어려운 단어입니다. 굳이 번역하면 '적절한 반응' 정도인 듯합니다.

직원이 일을 대하는 태도부터 업무 내용까지 상황과 맥락이 고려된 적절한 반응이 팀장의 피드백입니다."

"여러분은 질책을 잘한다고 생각하십니까?"

요약 설명을 마친 코치는 모두에게 질문을 던졌다.

모두들 머뭇머뭇 답이 없었다.

"우리는 흔히 질책이 감정적으로 야단을 치는 행위라고 생각합니다. 그러니 요즘 같은 시대에 질책 한번 잘못했다가 꼰대나 독재자, 폭군과 같은 이미지로 각인되기 십상이라고 생각하죠. 오해가 커지기도 하고 잘못된 질책인 경우 직장 내 갑질로 비칠 소지가 다분하다고도 생각할 겁니다. 하지만 이런 걱정이 질책에 대한 근본적인 오해와 잘못된 방법, 방식, 패턴에서 야기된 생각입니다. 질책의 본질은 직원의 성장과 성과 달성을 위해 필요한 중립적인 피드백이 그 본질이기 때문이죠."

배 팀장은 오전 강의에서 자신에게 가장 의미 있었던 것은 무엇인지를 곱씹으며 잠시 생각에 잠겼다. 한편으로 같은 조원들의 생각도 궁금했다.

▌ 팀장에게 질책과 격려가 중요한 이유

매니지먼트나 리더십에서 질책을 나쁜 상사가 하는 전형적인 활동으로 비하할 때가 있다. 하지만 이런 기준은 팀장이나 직원 개인뿐 아니라 조직의 성장과 발전을 가로막는 위험한 생각이다.

질책은 그 자체로는 좋지도 않고 나쁘지도 않은 중립적인 관리 활동이다. 질책이 좋은지 나쁜지는 그 질책으로 직원에게 어떤 변화가 일어났는가에 따라 판가름할 뿐이다. 질책을 들은 직원의 마인드와 태도 변화에 영향을 주고 행동 변화로 이어진다면 효과적이고 성공적인 질책이다. 반대로 "소귀에 경 읽기"처럼 아무리 몸에 좋은 약이라도 본인이 먹고 싶지 않거나 나으려는 생각이 없다면 노력은 허사에 그치고 만다. 이런 경우 질책하는 팀장이나 질책을 받은 직원 모두 불필요한 에너지만 낭비하고 스트레스로 귀결될 뿐이다.

부모의 질책(흔히 말하는 잔소리)이 자녀에게 큰 효과나 영향력을 발휘하지 못하는 이유도 자녀에게 받아들여지지 않기 때문이다. 어떤 직원도 팀장에게 질책받고 싶어 하는 사람은 없다. 따라서 효과를 발휘할 수 있는 적절한 기술이 요구된다. 질책만으로는 사람을 움직일 수 없고 지속적·장기적인 성과를 얻을 수 없기 때문이다. 질책의 본질적인 목적부터 확실히 해야 한다. 질책은 직원의 부족한 부분이나 실수를 납득시키는 것이 목적이다. 따라서 팀장에게는 사람과 일에 대한 애정이 필수다.

격려는 존중과 배려를 담은 것으로 직원에게 용기와 의욕을 북돋는 행위다. 아카데미 주연상을 받은 배우는 후보로 추천만 되고 상을 받지 못한 배우보다 추적관찰 결과 기대수명이 평균 4년 이상 늘어났다. 아카데미상을 두 번 받은 배우의 경우는 추적관찰 결과 기대수명이 6년 이상 늘어난 것으로 확인됐다. 1901년부터 1950년까지 노벨화학상과 물리학상 후보에 올랐던 532명의 출생과 사망 기록을 분석한 결과, 노벨상 최종 수상자가 후보에 그친 사람보다 평균 1~2년 더 오래 산 것도 확인됐다.

아카데미 주연상을 받은 사람과 후보, 노벨화학상과 물리학상을 받은 사람과 후보의 역량 차이가 얼마나 되겠는가? 모두 당대 그 분야에서 세계 최고 수준의 역량으로 성과를 만든 사람들이다. 재미있는 것은 두 그룹의 평균 재산 차이가 크지 않다는 점이다. 경제적 요건이 수명 차이의 근본적인 이유가 아닌 것이다. 그들의 수명을 연장시킨 근본적인 이유는 격려와 인정의 영향이다. 공식적인 인정과 주변의 격려가 사람을 더 활기차고 에너지 넘치게 만들었고, 결국 수명에까지 직접적인 영향을 준 것이다. 격려의 강력한 힘을 과학적으로 분석한 획기적인 연구 결과가 아닐 수없다.

▌ 직원을 변화시키는 질책의 일곱 가지 노하우

질책에 감정이 실리면 질책이 아닌 비난이 된다.

"김 대리, 역량이 그 정도밖에 안 돼?"

"이 과장, 왜 항상 그 모양이야?"

"김 사원, 요즘 학교에서 그렇게 가르치나 보지?

이런 식으로 직원의 역량 수준, 인격, 학교나 배경을 거론하며 잘못을 지적하는 것이 바로 비난이다. 팀장의 질책에서 비난은 절대 금물이다. 필자가 들었던 가장 황당하고 기분 나빴던 비난은 "너 대학은 나왔니?"였는데, 지금도 이 말을 듣는 순간 피가 거꾸로 솟구치고 모멸감에 얼굴이 화끈거렸던 기억까지 그때가 잊히지 않는다.

이렇듯 감정적인 비난은 오랜 시간이 흘러도 아픔과 상처를 남긴다. 질책의 목적은 오직 업무에서 부족한 부분을 납득시키기 위한 것이어야 한다.

질책은 1:1로 둘만의 공간에서만 한다.

다른 사람이 듣는 공간에서 하는 질책은 대상자를 창피하게 만들거나 궁지에 몰아넣겠다는 것과 다르지 않다. 다분히 감정적이고 질책하는 팀장의 의도를 의심하게 만드는 일이다.

한 사람을 질책하지만 여러 사람에게 교훈을 주자는 일벌백계一罰百戒 의도라고 말하는 팀장도 있다. 하지만 이것은 분명히 잘못된 방법이다. 이런 질책은 직원의 실수와 잘못이 아닌 팀장과의 감정 대립을 만들고 적대감과 분노를 쌓게 만들 뿐이다.

만약 비슷한 피드백을 함께 들어야 할 사람이 있다면 해당되는 이들만 불러 같이 이야기하면 된다.

명확하게 지적하고 분명하게 이야기한다.

질책을 할 때는 빙빙 돌려 말하지 않아야 한다. 불편한 이야기일수록 명확하게 알아듣게 해야 한다. 기껏 피드백을 했는데 뒤돌아, "도대체 뭐라는 거야?", "도대체 누구한테 하는 이야기야?", "내가 뭘 잘못했다는 거야?"와 같은 반응을 하면 질책은 물거품이 된다.

질책은 언제나 정공법으로 해야 한다. 정공법은 사실에 입각해 이야기한다는 뜻이다. 감정이 격해지거나 논점이 다른 곳으로 흐르지 않도록 사전에 전달하려는 메시지의 키워드를 간략히 정리해놓는 것을 추천한다.

만만한 직원만 질책하면 안 된다.

직원 중에 착하고 온순한데 일을 못하는 사람이 있으면 만만하다. 그래서 함부로 대하는 경향이 있다. 착하고 온순해서 질책해도 대꾸하거나 반격하지 않을 것을 알기 때문에 이런 직원이 실수할 경우 과하게 질책하는 어리석음을 범하는 팀장이 많다. 하지만 다른 직원이나 당하는 직원도 만만해서 그렇다는 걸 다 안다. 마음속에 쉽게 생각하는 직원이 있는가? 그렇다면 질책이든 칭찬이든 더욱 공정하려고 무던히 노력해야 한다. 공정은 때와 장소에 관계없이 조직 관리의 핵심 주제이며 팀장으로서 신뢰와 존경의 밑거

름이다.

절대 타인과 비교하지 말아야 한다.

다른 사람과 비교당하는 것은 커다란 스트레스 요인이다. 팀장에게 받는 질책이 아무리 세련되도 질책은 그 자체로 스트레스다. 이 상황에 선후배에게 비교까지 당하면 두 번 죽는 셈이다.

"최 대리, 박 대리 일하는 것 좀 보고 배워!"

"김 과장, 이걸 보고서라고 썼어! 과장씩이나 되고도 아직도 보고서 하나 제대로 못 쓰나! 박 대리가 쓴 거 참고해서 다시 써 와!"

자신과 직급을 이 상황에 넣어보고 느낌을 상상해보라. 상상하는 것만으로 울화가 치밀어 오를 것이다. 이런 상황에서 살인 충동을 느꼈다는 사람도 있다.

메시지는 짧고 강하게, 과거의 실수까지 끌어들이지 말아야 한다.

질책은 길어지면 안 된다. 말이 길어지면 잔소리가 될 뿐이고, 어느 순간 감정도 개입된다. 게다가 과거 실수나 문제까지 지적하는 최악의 패턴에 빠지게 된다. 마치 부부 싸움과 비슷한 패턴으로 변질돼 배우자의 흔해 빠진 잔소리와 같아지는 꼴이다.

과거 일이 들춰지면 감정은 상하기 마련이다. 한 가지 이상의 이슈를 동시에 들으면 큰 죄를 저지른 것처럼 확대돼 자신감을 상실하게 만들기 쉽다. 결국 원래 의도에서 한참 벗어난 질책으로 질책의 목표를 이루지 못하게 되는 것이다.

직원의 말을 충분히 경청하라.

일을 잘못한 직원의 이야기는 변명처럼 들리기 쉽다. 하지만 직원 나름의 설명(변명)할 기회는 줘야 한다. 끝까지 들어보려는 노력이 필요한 부분이다. 그저 변명으로만 치부하고 더 들을 필요 없다는 식의 자세는 직원을 대놓고 무시하는 행위다. 따라서 질책의 효과는 반감되고 만다. 질책은 사실에 기반해야 하기 때문에 직원의 말을 정확히 듣는 것이 필요하다.

팀장의 질책은 자신의 오랜 경험과 통찰을 대물림하는 중요한 행위다. 이런 활동이 원활하게 일어나는 조직은 조직 역량 개발속도가 빠르고 한두 명이 중간에 빠져도 다른 직원이 그 자리를 메워주는 선순환 구조가 만들어진다.

제대로 된 질책은 때로는 직원의 인생까지도 바꿀 수 있을만큼 위력이 크다. 좋은 질책은 상사를 더 돋보이게 할 뿐만 아니라 시간이 흘러도 고마움을 느끼게 해주는 보약과 같다.

▌▎ 고래도 춤추게 하는 격려

'이 정도 했으면 되겠지….'

'우리 팀에서 나보다 더 잘하는 사람은 없으니까….'

'열심히 할수록 더 많은 것을 하라고 할 테니 이 정도까지만 하자.'

'잘한다고 월급을 더 주는 것도 아닌데 뭐.'

'내가 너무 튀면 따돌림당할걸.'

직원이 매너리즘에 빠져있는데도 이를 방치하면 역량이 있는 직원의 성장을 방해하거나 더 나은 성과를 낼 수 있는 사람을 방치하는 꼴이 된다.

잘하는 것을 격려(인정, 칭찬 등)로 유지·강화시키는 일은 팀장의 또 다른 역할이다. 누구라도 현실과 현재에 안주하려는 기질이 있다. 따라서 매너리즘에 빠진 직원 관리는 팀장의 중요 업무일 수밖에 없다.

팩트와 진정성으로 격려한다.

격려가 빈말이 되지 않기 위해서는 관찰과 사실에 기반해야 한다. 격려받은 직원은 자존감이 높아져 수용적이고 긍정적으로 바뀐다. 이후부터 팀에 기여하며 성과를 만든다.

같은 일을 반복적으로 하는 팀일수록 팀장의 격려는 고민이 필요하다. 격려는 직원의 노력과 과정 그리고 성과를 인정하는 것이다. 더불어 보이지 않는 권한을 부여하는 것과 마찬가지 상황이 돼 자연스럽게 스스로 강점을 찾아 성장하거나 변화를 꾀한다. 격려는 모든 상황에서 직원의 긍정적인 잠재력이 드러나게 만든다.

맨 정신에 해야 한다.

술자리나 회식 때 하는 격려는 바람직하지 않다. 흔히 회식을 통해 팀워크 만들려고 하거나 격려 자리를 만들어 리더십을 세우려 한다. 하지만 시대와 세대가 바뀌었다. 회식은 그 자체로 맛있게 먹고 즐기는 자리로 만들어야 한다. 회식에 이런 저런 의미를 부여하는 것은 좋지 않다.

격려는 직원이 잘한 일과 앞으로 기대하는 것을 소통하는 과정이어야 한다. 팀장은 직원의 성격이나 인간성을 바꾸는 사람이 아니며 절대로 그럴 수 없다. 부모도 못 하고 배우자도 못 한 일을 사회에서 만난 팀장이 할 수 있겠는가? 하지만 팀장은 분위기와 조직 문화에 영향을 끼칠 수 있는 유일한 사람이다.

성과가 낮은 직원을 대할 때 팀장이 보이는 행동

• 지시만 내린다. 직원은 내려진 지시대로만 따르게 한다.

- 일 이외의 대화는 거의 하지 않는다.

- 직원의 아이디어나 의견에는 눈길 한번 주지 않는다.

- 돋보이거나 성과를 내기 어려운 일상적이고 쉬운 업무만 부여한다.

- 일하는 과정에서 심하다 싶을 정도로 개입하거나 아니면 방치한다.

- 시간이 부족할 때는 팀장이 직접 하거나 중간에 담당자를 바꾼다.

팀장이 빠지기 쉬운 함정은 성과가 높은 직원과 성과가 낮은 직원을 차별하는 일이다. 리더십 다면진단 결과에서 80% 이상의 팀장은 자신의 인사 평가와 업무 피드백이 객관적이며 공정하다고 생각한다. 직원도 그렇게 느낄까?

안타깝지만 그 사이에는 상당한 괴리가 존재한다. 직원들은 일하는 과정에서 다른 직원과의 형평성, 공정성에 차이와 차별이 존재한다고 생각한다.

성과가 높은 직원을 대할 때 팀장이 보이는 공통적인 행동

❊ 일을 시킬 때

- 일에 대한 전체적인 맥락(이 일이 어떻게 시작되었는지)을 알려준다.

- 일의 의미와 이 일이 팀에 얼마나 중요한지 설명한다.

- 왜 이 일을 해당 직원이 해야 하는지 말해준다.

- 이 일을 하는 과정에서 무엇을 배울 수 있는지 설명한다.

- 관련된 자료를 공유하고 유관 부서와도 협조를 구한다.

❀ 일하는 과정 중

- Deadline과 Quality 등에 자율성을 준다.

- 진행 상황 정도만 확인하고 보고하게 한다.

- 팀장의 도움이 필요한지 확인하고 필요시 지원한다.

- 직원의 의견과 관점을 체크한다.

- 식사나 회식 같은 별도 자리를 만들어 동기부여에도 신경을 쓴다.

❀ 일이 끝난 후

- 성과에 대해 명확히 피드백한다.

- 팀장의 상사나 다른 팀의 피드백도 전달해준다.

- 다음 일이나 다른 일에 기대감을 갖게 한다.

- 새로운 일이나 난이도가 높은 더 중요한 일을 맡긴다.

평가자가 공정하지 못하면
조직의 노력은 물거품이 된다

"여러분은 팀장의 역할 중 가장 어려운 것이 무엇이라고 생각하십니까?"

코치의 질문으로 오후 강의가 시작됐다.

"저는 밤샘 작업을 부지기수不知其數로 해봤습니다. 또 여러 현장에서 수많은 어려운 상황도 겪었습니다. 그런데 그 어떤 일보다 팀원 관리가 제일 힘든 것 같습니다."

"사람을 관리하고 평가하는 일은 누가 대신해주면 좋겠습니다."

다른 팀에서도 거들었다.

"저는 선배들이 왜 굳이 팀장을 하지 않으려고 했는지 이제 이해가 됩니다. 이럴 줄 알았으면 팀장을 안 한다고 할걸 진짜 후

회된다는 동료도 여럿 봤습니다."

"제 동기 중에 같이 승진한 팀장은 자기 밑에 있는 팀원이 꼴보기 싫어 팀장을 때려치우고 싶을 정도라고 이를 갑니다."

"내가 팀원이었을 때 팀장은 놀고 먹는 줄 알았는데, 팀장이 되고 보니 어려움이 이해됩니다."

조직에서 성과를 관리하고 사람을 평가하는 일은 간단한 일이 아니다. 흔히 평가받는 직원만 스트레스를 받는 것 같지만 평가하는 팀장을 포함한 상위 조직의 리더 그룹도 스트레스를 받기는 마찬가지다. 모든 조직은 위로 올라갈수록 수가 줄어드는 피라미드 구조라서, 승진을 위한 필사의 노력과 인사 평가에 목을 멜 수밖에 없기 때문이다.

"인사人事가 만사萬事"라는 말이 있다. 어떤 전략이나 계획보다 공정한 평가와 보상, 배치와 교체의 중요성이 중요하다는 뜻이다. 공정한 평가나 수용되는 평가가 되지 않으면 평가자에 대한 신뢰는 떨어지고 리더십은 더 이상 발휘되지 않는다.

개인의 인사 평가 신뢰가 무너지면 조직 운영 신뢰의 근간이 흔들릴 수도 있다.

코치는 다시 질문을 던졌다.

"평가에 대한 신뢰가 무너지면 어떤 일이 일어날까요?"

"일을 좀 한다는 핵심 인재들이 조직을 떠납니다."

"일 몰입도와 리더에 대한 신뢰가 떨어집니다."

"팀 분위기가 수동적이고 비판적으로 바뀌어 활력과 에너지가 곤두박질칩니다."

"네, 저희가 더 할 말이 없을 정도로 핵심을 잘 짚어 답변하셨습니다. 모두 공감하시듯 직원과 조직에 커다란 영향을 주는 것이 인사 평가이기 때문에 평가자는 신중해야 하고, 그로부터 야기되는 스트레스는 숙명으로 받아들여야 합니다.

또한 인사 평가에서 팀장이 범하는 오류와 실수를 충분히 인지하고 차단하려는 노력과 성찰이 필요합니다. 인사 평가에 대한 직원의 심리와 태도를 이해하면 사전 준비와 사후 대처가 수월해집니다."

토론 과제: 팀장의 평가 딜레마

상황 1: 팀 내에 내년도 승진 대상자가 두 명이 있다. 두 사람 모두 열심히 했다고 어필을 하고 있으나 객관적으로 성과가 낮다. 팀장은 올해 이들을 승진시켜야 체면도 서고 동기부여도 할 수 있다. 그들은 당연히 승진을 기대하고 있다. 이들 뒤에는 다음 순서를 기다리는 후배 직원들이 두 눈을 시퍼렇게 뜨고 자신들의 평가도 챙기려 든다.

상황 2: 다른 부서로 옮긴 직원 평가를 해야 한다. 팀을 떠났지만 성과도 인성도 좋은 직원이다. 평가 결과는 기존 부서 평가 배분율에 잡힌다. 좋든 나쁘든 평가는 남아있는 직원 평가에 영향을 주는 구조다. 떠난 직원 평가를 잘 줘야 할까, 남아있는 직원에게 신경을 더 써야 할까?

상황 3: 팀 내 기둥 같던 정 차장의 갑작스런 퇴직으로 생긴 공백을 경력 사원 채용으로 해결했다. 그는 기대 이상으로 잘 적응했고 일도 잘해 팀장에게 큰 도움이 되고 있다. 팀장과 함께 몇 년을 고생한 직원 입장에서는 굴러온 돌보다 기존 직원을 챙겨야 한다는 분위기가 감지된다. 팀장은 어찌해야 할까?

상황 4: 통통 튀는 신선한 아이디어로 팀에 활력을 잔뜩 불어넣는 입사 2년 차 정 사원은 좋은 평가를 기대하는 눈치다. 자신은 선배나 팀장이 기대하는 그 이상의 일을 했다고 자랑스럽게 이야기하곤 한다. 정 사원은 직장 생활에서 남은 날이 아직 창창하기 때문에 무조건 선배들 평가에 밀려야 하나?

양 코치는 네 가지 서로 다른 상황을 보여주며 토론을 주문했다.

팀장들은 자신이나 주변 경험을 내세우며 열띤 토론을 시작했다. 토론한 내용은 어느 조직에서나 발생하는 일반적인 경우다. 어떻게 평가하는 게 공정한 평가인가?

원칙대로 목표 대비 성과로 평가하면 된다는 건 직원들 입장에서는 책임 회피로 보인다. 팀장은 회사의 인사 철학, 평가 원칙과 룰을 충분히 공감한 상태에서 자신만의 평가 포인트를 목표 설정 단계부터 인식시키고, 중간 중간 리마인드해줘야 한다.

상위 조직장이 평가할 때는 직원의 성과가 상사에게 최대한 어필될 수 있도록 상사와의 면담을 준비해야 한다. 팀장의 상사인 2차 평가자는 다른 팀과 조화와 균형까지 신경을 써야 하기 때문에 관점이나 입장이 팀장과 다를 수밖에 없다. 상사의 평가 방향과 핵심 포인트에 사전 교감이 필요한 이유다. 이 부분을 놓치면 비슷한 방향, 같은 이야기를 하는 것 같아도 결과가 다른 대형 사고가 발생한다.

각기 다른 사업을 가진 회사인 경우는 기능 자체가 다른 팀들을 통합·평가해야 하기 때문에 더 어렵다. 팀장도 자신의 직속 팀원들을 더 챙기고 싶듯, 상사도 자신이 챙겨야 할 직원이 있기 마련이다. 이런 관점 차이 때문에 평가에 앞서 상사에게 평가 방향성에 대해 공유받아야 하며 여의치 않다면 먼저 요청해서라도 얻어야 한다.

직원의 성과 평가:
일반적인 국내 기업의 개인 평가 순서

| 구성원 자기 평가 | 팀장 주도 성과 리뷰 면담 | 팀장의 1차 평가 | 임원급 2차 평가 | HR부서 확인/조정 | 개인별 결과 통보/이슈 확인 |

일반적으로 팀장의 1차 평가와 평가 면담이 가장 중요하다. 업무를 지시하고 과정을 챙기고 결과를 보고받는 중심에 팀장이 있기 때문이다. 이때 평가의 공정성과 객관성은 모든 직원의 바람이다. 불공정한 평가를 받거나 객관적이지 않다고 느낀다면 결과를 받아들이기 어렵다. MBO나 OKR 같은 목표 기준 관리로 평가 툴을 활용하는 이유도 공정성과 객관성을 확보하기 위해서다.

회사의 좋은 제도나 과정 관리가 아무리 훌륭해도 평가자가 공정하지 않으면 회사의 노력과 과정은 물거품이 되고 만다. 사람을 공정하게 평가하는 것은 결코 쉬운 일이 아니며 더 어려운 것은 자신이 공정하게 평가받았다고 느끼게 만드는 것이다.

직원의 면담 요청을
두려워하지 마라

> 조직에서 가장 어려운 결정은 채용, 해고, 승진이다. 인사는 원래
> 상태로 되돌리기 가장 어려운 부분이다.
>
> -피터 드러커Peter Drucker

팀장이 된 후 연차가 늘수록 점점 평가 면담을 싫어하는 일이 많아진다. 심지어 평가 면담을 요식 행위 정도로 생각하는 팀장도 많다. 하지만 이는 정말 위험한 생각이다.

성과 평가 면담에는 굉장히 중요한 의미가 있다. 첫째, 평가 면담은 직원이 설정한 목표와 결과를 점검하는 시간이다. 성취한 일에 대한 칭찬할 뿐만 아니라 개선점까지 성찰할 수 있기 때문이다. 둘째, 팀장과 공식적으로 소통할 수 있는 자리다. 직원과 진솔

한 대화를 나눌 수 있는 기회라는 것만으로도 의미가 크다. 셋째, 직원의 역량과 경력 개발 니즈를 확인할 수 있다. 나아가 그 니즈를 육성하고 개발 방향을 잡을 수 있게 도울 수 있다.

꼼꼼하거나 합리적인 직원은 이 자리에 자신의 성과를 어필할 수 있는 백데이터와 관련 자료를 알아서 잘 준비해온다. 따라서 팀장 역시 그동안 관찰하고 기록한 내용이나 주고받은 피드백, 직원의 반응과 결과를 숙지한 상태에서 면담을 준비해야 한다. 각별히 주의해야 할 점은 성과 평가 면담에서 당시 이런 저런 지시를 했는지, 하지 않았는지 같은 진실 공방이 오가지 않도록 상황을 완전히 컨트롤할 수 있어야 한다.

인사 평가와 관련된 면담은 팀장과 직원들 사이 신뢰와 존중이라는 값으로 따질 수 없이 중요한 자산이 길러지는 때이니만큼 사전에 철저한 준비와 상황에 대한 대비가 필요하다.

▌ 성과 리뷰 면담 핵심 스킬

코치는 강의 슬라이드에 몇 개의 말풍선을 띄웠다.

이런 면담을 왜 하는지 모르겠어!

일방적으로 자기 생각만 이야기하려면 뭣하러 1:1로 이야기하는 거야!

연말에 팀장에게 시리즈로 깨진 기분이야!

내년에 같이 일하고 싶은 마음 뚝 떨어졌어!

"직원들이 여러분께 이런 말을 직접 하지는 않겠지요? 만약 직접 말한 직원이 있다면 지금은 팀에 없을 겁니다. 그렇죠?"

공감의 웃음이 터져 나왔다.

"이런 생각을 가진 직원은 아마도 어느 날 갑자기 팀을 떠나 새로운 둥지(타 부서, 타사)로 가거나 팀장이 바뀌기만을 기다리며 비생산적으로 세월을 보낼 겁니다. 성과 리뷰 면담이나 평가 결과 면담에 대한 직원의 반응을 보면 팀장이 이 두 가지 면담을 제대로 했는지를 유추할 수 있는 겁니다."

코치가 다시 입을 열었다.

"면담 관련해서 제가 인사팀장으로 있을 때 사내 강의나 동료 팀장에게 자주 받았던 질문을 정리해봤습니다. 대략 세 가지 유형으로 좁혀지더군요. 여기 각각의 유형을 먼저 보시겠어요? 이 질문들에 코치인 제가 답을 해보겠습니다. 배 팀장님 질문을 한번 읽어주시겠습니까?"

질문 1: 평가에 대해 감정적 반응을 보이는 직원은 어떻게 대해야
할까요?

"직원이 감정적으로 격앙되고 화를 낸다고 팀장도 감정적인
반응을 보이면 안 됩니다. 흥분하면 감정 조절이 안 되고 생각도
좁아지게 마련입니다. 이때는 하지 말아야 할 말을 하고 선을 넘기
도 합니다. 직원이 감정적인 반응을 보일 때는 흥분을 가라앉히는
게 최우선입니다. '흥분한 것 같은데 잠시 있다가 다시 이야기 합시
다'라고 하는 식이죠.

잠깐의 휴식으로 이성을 다시 챙길 수 있는 시간을 줘야 합니다.
그리고 간단한 지시어를 넣어 감정을 정돈시켜야 합니다. '흥분하
지 말고 차분히 이야기해보세요'와 같이요. 그리고 배려를 내보이
는 게 좋습니다. '홍 대리, 먼저 이야기하세요. 다 듣고 내 생각도
이야기하도록 하지요'라고 말하면 직원도 막무가내로 흥분만 할
수는 없거든요."

직원에게 평가 면담은 1년 농사를 갈무리하는 중요한 자리
다. 기대에 미치지 못하면 자신이나 팀장을 원망하기 쉽다. 그들도
마음을 추스를 겨를이 필요하다. 팀장도 화나고 속상하지만 평가
면담 자리는 팀장이 절대 강자이자 슈퍼 갑이라는 생각으로 직원
을 살펴야 한다.

질문 2: 입을 굳게 닫아버린 직원을 어떻게 끌고 갈까요?

"싸울 때 강하게 어필하는 사람보다 아무 말 없이 속내를 비치지 않는 사람이 더 무섭습니다. 말을 해야 문제를 파악할 텐데 입을 닫아버리면 추측과 상상밖에 없죠. 이럴 때는 최대한 부드러운 분위기를 만들어 말을 끌어내야 합니다. '나한테 이야기하는 것에 부담을 갖지 않았으면 좋겠어요', '마음에 받아들여지지 않는 상황이 무엇인지 차분히 이야기해볼래요?'라고 할 수도 있겠죠. '너무 정리해서 말하려고 하지 말고 그냥 생각나는 대로 이야기해도 괜찮아요'라는 식입니다."

팀장이 모든 문제를 해결할 수 없는 사람이란 걸 직원들도 안다. 다만 직원은 자신의 문제나 상황을 팀장이 알고는 있는지, 안다면 공감은 하는지, 해결할 방법이나 의지가 있는지 궁금해할 뿐이다. 진정성과 열린 마음으로 듣고 있다는 믿음이 생겨야 말을 할 수 있게 된다. 들을 때 비로소 소통이 시작된다. 그러므로 평가라는 공식적인 장을 통해 감춰온 직원의 진심과 속내를 알아간다는 마음이 필요다. "홍 대리가 불편한 게 이거였군. 미리 알았으면 좋았을 텐데 아쉽네요", "이 문제는 깊이 생각해보지 못했네요. 미리 알려주지 그랬어요"와 같은 감정이입으로 직원이 본질적인 이야기를 내놓은 것에 반응해야 한다.

보통 평가 결과를 피드백하는 면담에서 평가를 뒤집는 일은 어렵다. 그러니 '이번 인사 평가에 대해 다시 생각하겠다'라는 식의 불필요한 회망고문은 하지 않아야 한다.

질문 3: 평가 결과를 받아들이지 못하는 직원에게는 어떤 방법이 있을까요?

"직원은 자기 입장에서 생각할 수밖에 없습니다. 하지만 팀장은 전체를 생각해야 하는 사람이죠. 결과를 받아들이지 못하는 직원의 말도 끝까지 들어야 하는 이유입니다. 만약 사심 없이 결정했다면 팀장 자신의 판단을 믿어야 합니다. 팀장과 직원의 견해 차를 완전히 좁힐 수는 없습니다. 사람은 자신의 평가에는 한없이 관대하고 이기적입니다. 그러니 자신의 기준보다 낮은 평가를 받아들이기 어렵고 혼란스러워합니다. 이런 경우 팀장은 평가의 원칙과 팀 내 상황을 설명할 필요가 있고 일말의 설득도 필요합니다. 완벽하게 납득시키거나 받아들이지 못해도 팀장의 평가 철학과 소신만큼은 확실하게 인식시킬 필요가 있습니다.

이제 상담 때 여러분이 겪은 곤란했던 상황을 말씀해주시면 경험과 사례를 들어 답변을 해드릴까 합니다."

S유통 서 팀장이 먼저 포문을 열었다.

———— 팀장, 바로 당신의 조건

"평가 전체에 대해 공정하지 않다, 자신은 억울하다는 주장만 되풀이하는 직원이 있었는데 그때는 정말 난감했습니다."

"배고픈 건 참아도 배 아픈 건 못 참는다'라는 말이 있지요. 팀은 공동의 목표를 달성하기 위해 협력하는 공동체입니다. 개개인의 파이를 무한정 키울 수 없고 모두 공평하게 나눌 수도 없습니다. 그렇기 때문에 평가라는 도구로 파이를 조정하고 조율하는 어려운 일이 팀장에게 주어진 것입니다. 하지만 목표 달성 기여도와 공헌치만으로 평가할 수 없는 것이 현실입니다. 직원이 처한 현실을 외면할 수도 없는 노릇이기 때문이죠.

특히 승진을 앞둔 직원이 많다면 평가는 더 어려워집니다. 승진자 평가를 우선에 두자니 평가 원칙과 성과주의의 근간이 무너집니다. 고성과자에 대한 역차별은 문제를 더 크게 만들고 맙니다. 그렇다고 원칙대로 평가하자니 팀워크가 약해질 것 같고 고민입니다. 그렇다면 어찌해야 할까요?

팀장은 반드시 평가 프로세스와 원칙을 따라야 합니다. 그 후에 팀장으로서의 재량권을 활용해야 합니다. 재량권에도 원칙이 있어야 합니다. 가령 승진 대상자와 비대상자가 비슷한 수준의 성과율을 낸 경우 승진 대상자에게 상위 평가의 우선권을 줄 수 있습니다. 타 부서나 타사에서 평가 기간 중 전입을 온 직원에게는 비슷한 수준의 성과를 달성했을 때 상위 평가를 주지 않는 방식이 있습니다."

이번에는 다른 조에서도 자신의 사정을 이야기했다.

"저는 자신의 노력과 과정이 평가 결과에 반영되지 않았다며 서운해하는 직원이 있었습니다."

"결과만 평가할 것인가 과정까지 평가할 것인가는 중요한 문제입니다. 누구나 공정하고 객관적인 평가를 받고 싶어 합니다. 결과를 기준으로 공정하고 객관적인 잣대를 들면 과정을 무시하는 팀장이라며 몰아붙입니다. 해법이 있을까요?"

"과거에는 평가에 태도 평가가 있었습니다. 과정에서 어떤 태도와 마인드로 임했는지를 평가하는 과정 평가죠. 요즘은 대부분 조직이 역량 평가를 실시합니다. 직급별·직무별 공통 역량, 직무 역량을 평가하는데, 이때 과정 평가를 역량 평가에 반영시키면 됩니다. 과정이 잘 반영된 것 같지 않다고 하소연하는 직원에게는 역량 평가에 과정과 노력이 어떻게 반영됐는지 설명하는 것을 추천합니다."

K전자 이 팀장도 몇 년 전 상황을 떠올리며 한마디 거들었다.

"평가 결과에 자존심이 매우 상해하는 직원 때문에 애를 먹은 경험이 있습니다."

"이런 경우는 고성과자나 시니어 직원에게 자주 나오는 반응입니다. 몇 년간 고성과로 좋은 평가를 받았거나 후배에게 평가가 밀렸다고 생각할 때 주로 나오는 반응이죠. 인사 평가는 영원한 것이 아니라 매년 목표와 경쟁 상대, 협력하는 직원의 상호작용에 따라 상대적으로 변하는 것입니다. 평가는 직원을 매번 일에 집중시키고 성과를 만들어내도록 짜인 고도의 전략입니다. 때문에 매너리즘에 빠진 고성과자나 시니어 직원에게 긍정적인 자극을 주는 기회로 상황을 역전시키는 것도 좋은 방법입니다."

팀장을 믿었는데 발등 찍힌 기분이라는 말을 듣는 일이 종종 있다. 평소 인간적으로 편한 관계를 맺었던 직원이나 술자리를 자주 갖고 사석에서 형, 동생하며 지내다 객관적이고 냉정한 평가를 내렸을 때 나오는 반응이다.

하지만 팀장은 이런 반응에 당황하거나 실망할 필요가 없다. 평상시 직원과 좋은 유대관계를 맺었다고 볼 수 있고 인정에 이끌리는 평가를 하지 않는다는 설명이 된다. 이럴 때 팀장은 정서적으로 그동안의 도움에 고마움을 표하면서 평가의 방향과 원칙에 대해 명확하게 언급할 수 있다. 한 발 더 나아가 내년에 적극적으로 도와주겠다는 지원을 약속하는 선에서 마무리한다면 직원의 발전에도 기여하게 된다.

아무리 친하고 편한 사이라도 인사 평가만큼은 결코 미리 가타부타 말하면 안 된다. 오히려 공과 사를 구분하는 일관성 있는 모습을 보일 때 이런 관계의 직원은 팀장의 충직한 직원으로 오래 남는 사람이 될 것이다.

"젊은 직원이었는데 그녀는 '무엇이 부족했는지 말해주십시오', '어떻게 해야 좋은 평가를 받을 수 있을까요'라며 그날 끝장을 보려는 듯 달려들었습니다."

맨 뒤 조에서 목소리가 큰 팀장이 코칭을 요청했다.

"네, 그런 경우가 근래에 참 많아졌죠. 90년생들도 많아졌으니까요. 저희는 이런 직원을 발전이 기대되는 직원이라고 생각합니다. 과거의 결과에 연연하기보다 실수와 실패를 딛고 단점을 보완하려 들고 팀장의 쓴소리도 적극적으로 듣겠다는 자세를 갖고 있다고 봐줘야 합니다.

하지만 평가 면담 자리에서 길게 말하는 것은 바람직하지 않습니다. 핵심 내용 한두 가지만 이야기해주면 좋습니다. 구체적인 대안보다는 오히려 직원의 이런 자세와 태도에 고마움과 기대를 표하는 게 더 적절하기도 합니다. 적극적으로 성장과 발전을 위해 돕겠다는 말로 면담을 마무리하고 별도로 시간을 마련해 개인 코칭을 해주면 오히려 팀장님을 존경하게 될 겁니다."

인사 평가 후 서베이Survey 반응을 보면 "팀장이 마치 의무방어전을 치르듯 영혼도 성의도 없이 대충 면담해서 불쾌하다", "면담을 하는 자리인지 훈계를 듣는 자리인지 모르겠다. 한 해를 마감하면서까지 지적질을 당한다는 게 씁쓸했다", "평가 기준이 애매해서 물어봤는데 명확해지기는커녕 더 혼란스러워졌다", "일하면서 어렵고 힘들었던 건 오간 데 없고 오직 결과만으로 평가하니 마치 기계가 된 것 같아서 서글펐다", "결과는 이미 정해져 있고 거기에 끼워 맞춘다는 생각에 기분 나빴다"라는 식의 반응이 많다.

어떤가? 당신의 팀에서는 이런 반응은 없다고 확신할 수 있는 가? 면담 준비가 제대로 되지 않는다면 이런 평가는 언제라도 당신에게 날아들 것이다.

저우언라이周恩來는 중국 마오쩌둥 정권 시절 27년간 총리를 지낸 정치가이자 외교가였으며 명실상부 중국의 2인자였다. 외교와 외교사절은 저우언라이가 대부분 직접 맞았다. 그는 외국 손님과 만찬에 앞서 자주 주방을 찾았다. 그때 중국은 영향력 면에서 지금과 큰 차이가 있던 시절이었다. 그렇다 해도 세계 5개 국가로 구성된 유엔 안보리 상임이사국의 국내 넘버 2가 호텔 주방을 찾는다는 게 상식적이지 않았다. 그는 주방으로 가서는 쉐프에게 국수 한 그릇을 말아 달라 하고 말 없이 국수 한 그릇을 뚝딱 비우고 가고는 했다.

처음에는 주방 사람들이 의아해했다. 잠시 뒤면 정성껏 준비한 산해진미를 먹을 수 있는데 굳이 국수를 먹는 게 이상했다. 하루는 주방장이 용기를 내어 물었다.

"총리님, 왜 만찬 전에 국수를 찾으시나요?"

그러자 총리는 이렇게 대답했다.

"귀한 손님을 불러 놓고 내가 배가 고프면 어떻게 하겠나. 그러면 나 먹는 데만 급급하게 될 것 아니겠는가?"

자신이 먼저 간단히 먹어두면 연회에서 자신이 먹는 데 소홀할 수 있고 외국 손님의 식사를 챙기며 세밀하게 관리할 수 있다는 것이다. 관리자의 역할에서는 주방을 직접 찾음으로써 연회를 준비하는 요리사들에게 적절한 긴장감을 준 셈이다. 또 자신들이 하는 일이 매우 중요하다는 무언의 메시지와 뿌듯함을 주었을 것이다. 회사의 팀장 역시 다양한 상황에서 응용할 수 있을 것이다.

▌▌ 평가 면담 시 팀장이 준비해야 할 것

1. 팀장의 생각과 메시지는 사전에 정리한다. 상사의 특권은 언제든 질문할 수 있다는 것이다. 일상적인 업무 이야기는 성과 리뷰 면담 자리에서 하지 않는다. 이때는 오롯이 성과, 역량, 경력 개발 주제에 집중하고 준비된 메시지 전달의 효율을 높인다.

2. 핵심 질문과 경청할 자세를 갖춘다. 이때 직원이 말하고 싶고 팀장이 듣고 싶은 내용을 빠르게 파악할 수 있다. 일 년 동안 어떤 성과를 이뤘는지, 무엇을 배웠는지, 같은 일을 다시 한다면

어떻게 개선할지, 팀장에게 기대하는 사항은 무엇인지를 확인해야 한다. 질문은 맞춤형으로 미리 준비한다. 짧은 면담 시간에 업무 성과와 어필 포인트를 준비하는 직원의 스트레스도 크다. 팀장은 부드러운 분위기를 조성해 하고 싶은 이야기와 확인할 것이 있는 양쪽 모두 만족하는 면담을 자리를 만들어야 한다.

3. 불필요한 희망이나 두려움을 갖게 하지 않는다. 칭찬하고 인정할 것은 표현하되 최종 평가 결과가 확정된 것 같은 말이나 뉘앙스는 하지 않는다. 또한 감정적으로 전달하지 않는다. 과한 칭찬은 최종 평가 결과에 긍정적인 기대와 희망을 키우는 꼴이 된다. 반대로 질책으로 일관하면 불필요한 공포와 실망을 안긴다. 칭찬할 만한 실적이 없어 좋은 평가가 어려운 직원이라도 납득하고 받아들일 수 있는 적절한 예시를 준비하면 수월한 면담이 된다.

4. 개선할 점은 직접적인 피드백을 한다. 누구나 부족한 점이 있다. 좋은 성과를 낸 직원이라도 팀장 눈에는 개선점이 있기 마련이다. 지적은 빙빙 돌려 말하지 않고 정공의 직설화법으로 피드백해야 한다. 지적할 게 없는 사람에게 억지로 피드백 거리를 만들 필요는 없다. 하지만 적절한 자극의 동기부여는 해당 직원에게 약이 된다.

5. 앞선 면담을 정리한 후 다음 면담을 이어간다. 직원이 많으면 다르지만 비슷한 이야기를 듣기도 하고 팀장이 주도적으로 이야기하다 끝나기도 한다. 따라서 더 발전적으로 면담하는 팀장이 되기 위해서는 즉시 메모하고 정리하는 잠깐의 시간을 안배한다. 시간이 지나 기억이 왜곡되거나 메시지가 꼬이는 일을 방지하는 행위다. 또한 면담을 위한 생산적인 관리 태도다.

내 사람을 뽑기 위한
면접 질문 12가지

　팀장의 업무에는 관리 작업Managerial work이 포함된다. 신입사원 채용을 위한 서류 전형이나 1~2차 면접위원이 되고, 경력 사원 채용 때는 최종 채용에 결정적인 영향을 미치는 중요한 임무다. 팀장은 회사 경영에 크고 작은 책임 있는 관리자이자 리더의 일원이다.

　따라서 팀장은 채용 과정에 책임감뿐 아니라 자신의 역할에 대한 소명의식을 갖고 임해야 한다. "열 길 물속은 알아도 한 길 사람 속은 모른다"라는 말이 있다. 이 말 속에는 다른 이의 생각과 마음, 진짜 본모습을 알고 싶다는 의미와 알기가 어렵다는 뜻이 함께 담겨있다.

　HR 부서에 근무하면 여러 채용 과정에 참여한다. 따라서 면접자를 '척 보면 알지 않겠나'라고 치켜세우는 사람도 많다. 하지만 사람은 척 봐서 알 수 있는 존재가 아니다. 세상 누구도 직관과 짧은 관찰만으로 사람을 온전히 알 수 없다. 눈빛만 봐도 안다는 말은 신뢰할 만한 말이 아니다. 수십 년을 함께 산 가족도 '이 사람이 내가 아는 그 사람 맞나' 싶을 때가 많지 않은가.

배 팀장이 면접 경험을 떠올리며 말했다.

"저는 자기소개서에 쓰인 내용이 어느 정도 신빙성이 있는지 검증하느라 많은 시간이 걸렸던 적이 있습니다."

"자기소개서를 '자소서'라고 하죠. 요즘 젊은 친구들은 '자소설'이라고 한다는군요. 그만큼 사실이 아닌 것들이 들어가 있다고 보는 게 맞습니다. 자기소개서에 적힌 내용이 모두 사실이면 우리나라 성인들은 아마 세계 최강의 스펙과 인간적인 매력, 지구를 지키고 남을 어벤저스급 인력으로 넘쳐날 거예요. 법과 제도도 필요 없는 유토피아로 변했을 것입니다."

코치의 비유에 모두 크게 웃었다. 그러자 C손해보험회사의 최 팀장이 말을 이었다.

"저희 회사는 아는 사람을 추천하라고 종용하고는 해요. 하지만 누구를 안다는 게 인간적으로 아는 거지 실제 일을 해본 사람은 아니거든요. 그래서 선뜻 추천하는 게 꺼려져요. 사내에서 추천을 받아도 직접 일해본 직원이 아니면 신뢰도 가지 않고요."

근래 많은 회사는 서류전형과 면접으로 인재를 선별하는 데 한계를 통감한다. 따라서 값비싼 비용을 투자해 전문업체를 통한

팀장, 바로 당신의 조건

레퍼런스 체크를 받고 있다. 최근에는 후보자의 SNS 계정이나 온라인 활동을 모니터링하기도 한다. 서류전형과 면접에 AI 기술을 동원해 면접관이 놓칠 수 있는 신호를 찾아내는 의사결정 보조자료로도 활용한다. 팀 내 사람을 들이는 데 정확한 정보와 역량을 파악하려는 조직은 공을 들이며 안목을 키워가고 있다. 이제 발맞춰 면접관으로 참여하는 팀장은 온 정신을 집중해야 하며, 회사 발전을 도모하는 선발대라는 각오로 임해야 한다. 좋은 인재를 뽑는 일만큼 중요한 것이 적합하지 않은 사람을 절대 뽑지 않는 일이다.

특별하게 실패한 경험이 없다고 답하면 스트레스를 많이 받은 상황을 이야기해보고 어떻게 대응했는지 물을 수 있다. 이를 통해 후보자가 실패나 실수에 대처하는 방법과 대응 역량을 확인할 수 있다.

▍▍ 내 사람을 뽑기 위한 팀장의 면접 노하우

직무 경험과 직무 역량에 대한 확인
질문 1

시장에서 우리 회사 제품이나 서비스가 경쟁사의 제품이나 서비스와 비교해 어떤 평가를 받고 있다고 생각하는가? 또한 본인은 어떤 평가를 내리고 있고 그 이유는 무엇인가?

관찰 포인트

이 질문은 전반적인 경영 환경, 경쟁 상황, 전략에 대한 종합적인 인식을 확인할 수 있는 질문으로, 후보자의 거시적인 안목을 파악하는 데 도움이 된다.

질문 2

만일 당신이 혁신적인 사람을 뽑아야만 하는 책임을 맡게 된다면 어떤 자질과 조건을 갖춘 사람을 채용하겠는가?

관찰 포인트

이 질문은 후보자가 생각하는 사람에 대한 관점을 묻는 질문이다. 선발하는 역할에서 자신이 원하는 바람직한 모습이 투영되기 때문에 후보자를 우회적으로 파악할 수 있다.

질문 3

당신이 경쟁사에 근무한다면(실제로 경쟁사에서 오는 경우라면 더 좋다) 우리 회사의 제품이나 서비스 경쟁력을 약화시키기 위해 어떤 전략을 사용하겠는가? 또는 우리 회사의 약점이나 공략 포인트는 무엇인가?

관찰 포인트

이 질문은 후보자의 자사에 대한 이해도와 경쟁 상황에 대한

　　　　　　　　　　　　　　　　　　　　　　　팀장, 바로 당신의 조건

이해를 확인하는 데 유용하다. 자사의 약점까지 파악하고 있는지 확인할 수 있다. 채용 여부와 관계없이 제3자와 외부인의 시각으로 우리 회사의 약점을 들어볼 수 있다.

문제 해결 능력에 대한 확인

질문 1

빠른 의사결정이나 판단이 필요한 상황이다. 하지만 자료가 충분하지 않다. 어떻게 대처하겠는가?

관찰 포인트

이 질문은 상황 대처 능력을 확인할 수 있는 질문이다. 두루뭉술한 질문 같아도 후보자의 일머리와 경험을 확인할 수 있다.

질문 2

기존에 하던 방법과 다른 접근으로 문제를 해결하려 노력했던 사례를 들어보라. 결과는 어떠했고 그 과정에서 무엇을 느끼고 배웠는가?

관찰 포인트

창의적 접근법과 문제 해결 사고의 틀을 확인할 수 있는 질문이다. 사례를 들어 설명하라고 하면 원론적인 수준의 답변을 차단할 수 있다. 면접 경험이 많은 경우 대표적인 한두 사례는 준비해

오기 때문에 '다른 사례는?', '다른 직무에서는?' 등으로 깊게 내려갈 수 있다.

질문 3

좋은 의사결정을 위해 다른 사람의 도움을 받았던 경험이 있는가? 이유와 상황을 이야기해보라.

관찰 포인트

문제 해결과 업무 완성 속도를 높이기 위해 누군가의 역량을 끌어올 수 있는지 확인할 수 있는 질문이다. 팀워크나 팀 내 대인관계를 가늠해볼 수 있다.

창의적 문제 해결에 대한 역량 확인

질문 1

전 직장에서 자신의 아이디어나 제안으로 바뀐 시스템, 제도, 절차가 있는가? 있다면 어떤 것들인가? 그 일이 팀과 조직에 어떤 유익이 있었는가?

관찰 포인트

창의성은 몰입과 열정, 회사와 조직에 애정이 있어야 나올 수 있다. 크기와 난이도, 자신의 직무거나 아닐 때라도 조직에 대한 책임감과 열정이 있는지 확인할 수 있다.

질문 2

우리 회사 제품이나 서비스에서 2~3년 후 일어날 변화는 무엇이라고 생각하는가? 고객들은 2~3년 후에 우리 제품(서비스)을 어떻게 인식할 것 같은가?

관찰 포인트

이 질문은 후보자가 자사의 제품이나 서비스를 얼마나 알고 있는지 확인할 수 있다. 트렌드나 비즈니스 인사이트도 확인할 수 있다.

임기응변 능력에 대한 확인

질문 1

갑자기 상사의 의사결정이 바뀌었을 때 또는 자신의 의지와 관계없이 일의 우선순위가 바뀌었을 때 대처 방법은 무엇인가? 자신의 직접적인 경험을 바탕으로 구체적으로 이야기해보라.

관찰 포인트

이는 실제 상황에서 임기응변 능력의 정도와 조직 생활에서 센스를 확인할 수 있는 질문이다.

질문 2

일을 추진할 때 필요한 절차나 지원이 효과적이지 못한 경우 어떻게 대처했는가? 결과는 어땠는가?

관찰 포인트

부족하거나 비효율적인 자원 속에서 일해야 하는 현실적인 상황 대처 능력을 확인할 수 있다.

질문 3

주변의 압박 속에서 자신의 의사결정을 내려야 했던 경험을 공유해보라.

관찰 포인트

이는 후보자가 어떤 상황을 압박이라고 느끼는지 또한 그 상황에서 어떻게 평정심을 유지할 수 있었는지 확인할 수 있다.

스트레스 대응 능력에 대한 확인

질문 1

직장 생활에서 경험한 실패나 대표적인 실수 사례를 이야기해보라. 다시 그런 상황이 생긴다면 어떻게 대처하겠는가?

관찰 포인트

특별하게 실패한 경험이 없다고 답하면 스트레스를 많이 받은 상황을 이야기해보고 어떻게 대응했는지 물을 수 있다. 이를 통해 후보자가 실패나 실수에 대처하는 방법과 대응 역량을 확인할 수 있다.

누구냐! 넌!
MZ세대와 함께 일하기

　요약 설명을 마친 양 코치는 오늘 강의의 백미이자 하이라이트를 소개했다.

　"이번 시간은 첫날 강의의 마지막 순서로 여러분의 가려운 부문을 시원하게 긁어드리기 위해 특별 강사님을 모셨습니다. 2018년에 등장해서 새로운 세대에 대한 담론을 촉발시키고, 대통령이 청와대 전 직원에게 선물한 것으로 유명한 베스트셀러인 『90년생이 온다』의 저자인 임홍택 작가를 모셨습니다.

　임 작가님은 기업에서 오랜 기간 새로운 세대와 함께 일하면서 그들과 겪었던 경험을 기업과 정부 단체의 조직 리더들에게 강의하고 계시는데요. '새로운 세대와 함께 살아가는 법'이라는 주제의 특강입니다. 동시에 조직에 새롭게 유입되는 신입사원들을 대

상으로 멘토 활동을 진행하고 계십니다. 저희와는 이전에 같은 조
직에서 일했던 동료이기도 합니다. 큰 박수로 임 작가님을 모시겠
습니다."

코치의 소개에 이어 임 작가가 인사를 했다. 배 팀장은 『90
년생이 온다』라는 책을 알고 있었다. 몇 년 전에 회사에서 팀장끼
리 돌려보라고 준 적이 있기 때문이다. 하지만 배 팀장은 그 책을
읽지 않았다. 읽기 싫었다기보다 '지금 나도 힘든데 무슨 다른 세
대까지 이해할 여력이 있겠나' 싶었다. '오히려 중간 관리자인 우
리가 이해받아야 하는 것이 아닌가?'라는 반발심이 들었기 때문
이다.

언뜻 보니 임 작가의 연배가 자신과 비슷해 보여 슬쩍 놀았다.
자신보다는 나이가 좀 더 많은 중년일 거라 생각했기 때문이다.

"안녕하세요. 『90년생이 온다』 저자 임홍택입니다. 만나뵙게
돼 반갑습니다. 먼저 저자로서 제 책을 소개하고자 합니다.

이 책은 딱 한 가지가 유명합니다. 그게 뭘까요?

바로 책 제목입니다. 책의 내용이 유명하기보다는 '제목'만 유
명하죠. 물론 많은 분들이 책을 읽어주시면 좋겠지만 보통 강의를
가면 책을 읽으신 분은 거의 없고, 제목만 알고 있는 분들이 대부
분입니다."

교육을 받던 팀장들이 한바탕 함께 웃었다. 나름 저자로서의

아이스 브레이킹Ice breaking인 것 같았는데. 저자가 직접 그런 이야기를 하니 웃을 수밖에 없었다.

"그래서 오늘 제 특강은 제 책을 한 장도 읽지 않았어도 100% 이해가 되도록 준비했습니다. 지금부터 편하게 들어주시면 됩니다."

▌ 새로운 세대를 어떻게 이해해야 하는가

임 작가는 한 장짜리 페이퍼를 모두에게 전달했다.

"본격적인 시작에 앞서 간단한 테스트를 하고자 합니다. 10개 문항의 간단한 테스트를 준비했으니 재미 삼아 해보시면 좋겠습니다."

페이퍼에는 '직장인 꼰대 테스트'라는 제목이 붙어있었다. 10문항 중에는 '내 의견에 반대한 후배에게 화가 난다', '휴가를 다 쓰는 것이 눈치가 보이는 일이다', '나보다 늦게 출근하는 후배 사원이 거슬린다' 같은 질문들이 보였다. 분명 기성 직장인이라면 누구든 체크할 만한 내용이었다.

배 팀장은 전체 10문항 중에 5문항에 해당됐다. '아니, 이게 해당하면 꼰대라는 건가? 이렇게 따져서 꼰대가 아닌 사람이 어디

있어?'라는 반발심이 올라왔다.

"이제 꼰대 테스트의 결과를 확인해볼까요? 혹시 10개 문항 중 하나도 체크하지 않은 분이 계신가요?"

물론 이 질문에 고개를 끄덕이는 팀장은 아무도 없었다. 임 작가는 당연하다는 표정을 지으며 말을 이었다.

"좋습니다. 그렇다면 테스트 결과를 함께 확인해보겠습니다."

테스트 결과

0개: 대단합니다. 당신은 꼰대가 아닙니다.

1~9개: 꼰대입니다. 심각하지는 않지만 꼰대가 아닌 것도 아닙니다.

10개: …….

이곳 저곳에서 실소가 터져 나왔다. '뭐야. 그럼 우리는 다 꼰 대라는 건가?'라는 말이 나올 것만 같았다.

"네. 여기 계신 모든 팀장님이 꼰대라는 결과네요. 아마도 이 간단한 테스트를 하면서 눈치를 체셨을 겁니다. 이 테스트에 하나 이상도 나오지 않기란 쉽지 않다는 것을요.

제가 이 테스트를 한 이유는 '여러분은 꼰대입니다. 모르셨어요? 반성하고 제 이야기에 눈을 떠보세요!'라는 말씀을 드리고 싶어서가 아닙니다.

　문항을 보시면, 제가 일부로 '내 의견에 반대한 후배에게 화가 난다'와 같은 항목을 넣었습니다. 보통의 사람이라면 당연이 화가 나지 않을 수 없는 부분입니다. 간혹 대단하신 분들은 그러려니 하고 받아들이실 수도 있겠죠. 따라서 0개를 '대단하다'라고 표현했습니다.

　예전에 라디오 방송에 출연했을 때 진행자께서 이런 질문을 하셨어요. '몇 살부터 꼰대입니까?'라고요. 제가 어떻게 답했을까요? 저는 크게 고민 없이 '나이는 관계가 없다'라고 말했습니다.

　최근 우리 사회와 기업 조직에 만연해있는 그릇된 인식 중에 하나는 조직 내 기성세대 모두를 나이가 들었다는 이유 하나만으로 '꼰대세대'로 지칭하고, 지금의 젊은 세대를 소위 'MZ세대'로 프레임 지어, '꼰대세대 vs MZ세대'의 대결 구도를 만들어 비교하고 있다는 점입니다. 이게 과연 합당한 비교일까요?

　그렇다면 정말 꼰대란 뭘까요?"

　배 팀장도 궁금해졌다. 꼰대란 원래 아저씨를 뜻하는 말이 아니었던가?

　"원래 꼰대는 나이 먹는 아저씨를 뜻하는 은어였습니다. 하지만 요즘은 반드시 나이가 먹었다고 꼰대라고 하지 않습니다. 꼰대를 다룬 한 책에서는 꼰대를 '특정 성별과 세대를 뛰어넘어 남보다 서열이나 신분이 높다고 여기고, 자기가 옳다는 생각으로 남에게 충고하는 또는 남을 무시하고 멸시하고 등한시하는 것을 당연하게 여기는 자'로 정의했습니다.

꼰대의 핵심은 뭘까요? 그건 남의 말을 귓등으로도 안 듣는다는 것이죠.

팀장님들은 젊은 꼰대라고 들어보셨나요?"

배 팀장은 또 다시 뜨끔한 마음이 들었다. 왜냐하면 배 팀장의 별명이 '젊꼰'이었던 적이 있기 때문이다. 나이는 젊은데 예전의 사고방식을 갖고 있다며 친구들이 지어준 별명이었다.

"남의 말을 잘 듣는 것을 핵심으로 봤을 때 젊은 꼰대는 70~80년생의 젊은 팀장님들을 뜻하는 용어는 아닌 것 같습니다. 핵심은 생물학적 나이는 젊어도 귀가 닫혀있는 사람으로 보시면 좋겠습니다. 꼰대론의 핵심은 나이가 아닌 거죠. 그래서 저는 나이 든 사람을 무조건 꼰대로 보는 시선 자체가 꼰대 같은 시선이라고 생각합니다."

갑자기 임 작가는 PT 화면을 끄고 진지한 자세로 말을 이었다.

"제가 전달하고 싶은 부분이 바로 여기에 있습니다. 저는 오늘 팀장 여러분들에게 '젊은 세대는 이러이러한 특징이 있으니 그냥 받아들이고 이해하십시오'라는 말을 하려는 것이 아닙니다.

여러분이 기억해야 할 문장은 이것입니다."

바뀐 것은 세대가 아니라 세상이다.

"누군가 새로운 세대를 이해하라고 하면 기존 세대는 반발심이 들 겁니다. 그러니 특정 세대를 이해하기보다 새롭게 바뀐 세상을 이해한다는 관점으로 시각을 바꿔보면 어떨까요? 그렇게 생각해보면 조금 더 열린 마음으로 이 시간을 받아들일 수 있을 것 같습니다.

우리가 알아야 할 것은 모든 것들이 빠르게 변하는 새로운 세상에서는 기존에 우리가 알던 것들이 무조건 맞을 거라는 고정관념에서 벗어나는 것입니다.

앞서 직원 면담 때 해야 할 것과 하지 말아야 할 것을 다루었을 텐데요. 많은 상사가 애초에 직원을 무시하거나 아래로 보는 분위기가 깔려있기 때문에 많은 오류들이 발생한다는 것을 저 역시 말씀드리고 싶습니다."

▌▎ 새로운 시대가 원하는 공정을 어떻게 맞출 것인가

임 작가는 다음 화두를 던졌다.

지금의 젊은 세대는 기성세대에 비해 더 공정한가?

배 팀장은 최근 MZ세대 공정과 관련됐던 이슈들이 생각났다. 대기업의 한 사원이 3만 명이 넘는 전 직원에게 '지금 우리가 받은 성과급이 공정한가?'라는 메일을 보낸 일과 같은 이슈 말이다.

물론 예전 같으면 말단 직원이 CEO를 포함한 전 직원에게 이런 메일을 보낸다는 건 말도 안 되는 행동이다. 하지만 건방지다는 감정을 버리고 보면 작년보다 더 많은 성과에도 불구하고 전년과 같은 성과급에 동의도 쉽지 않겠다는 생각이 들었다.

"이 질문에 답을 하기 전에 먼저 '과연 공정이 무엇인지'에 대해 생각해볼 필요가 있습니다. 사실 '공정'이라는 단어는 한 문장으로 답을 내기 어려운 복합적인 단어입니다. 그렇기 때문에 '젊은 세대가 기성세대보다 더 공정하다'라고 쉽게 답을 내면 그 정의는 언제든 비판을 받을 수 있습니다. 그래서 우리는 지금의 젊은 세대가 원하는 참 목소리를 듣기 위해 이를 좀 더 단순화해서 받아들일 필요가 있습니다. 즉, 공정까지는 잘 모르겠지만 지금의 젊은 세대는 예전에 비해서 조직과 사회에서 일어나는 반칙과 부당한 일을 예민하게 받아들이고 있는 것 하나는 확실해 보입니다.

여러 이슈가 등장하는 것은 이 때문입니다. 전체 세상의 투명성이 점차 증대되는 세상에서 우리 사회와 조직의 투명성이 따라

가지 못하기 때문입니다. 젊은 세대는 지금 세상의 투명성에 더 익숙하고 빠르게 따라가고 있습니다. 그렇기 때문에 이슈가 생겨나는 것이죠.

매니저로서 팀장의 역할이 바로 여기서 등장합니다. 그것은 지금 우리 시대와 사회의 규칙과 기준에 맞춰 정당한 경쟁과 보상이 이루어지도록 조직을 이끄는 일입니다."

배 팀장은 '군말 말고 팀장인 나를 믿고 따르라'가 아닌, 충분한 시뮬레이션에 근거한 합당한 목표 설정을 강조한 코치의 강의를 떠올리고 있었다.

▮ CEO가 아닌 팀장이 할 수 있는 일

하지만 배 팀장은 공정과 관련해서 분명히 짚고 넘어가야 할 부분이 있었다.

배 팀장은 번쩍 손을 들었다.

"회사의 내규나 취업 규칙을 두고 해당 내용이 불공정하다고 말하는 경우도 있습니다. 이런 경우는 어떻게 해야 하나요? 우리 팀장도 정확히 말하자면 그저 회사의 녹을 받는 직원이 아니겠습니까?"

"맞습니다. 팀장이 회사의 규칙을 마음대로 조정할 수는 없습니다. 하지만 코치님이 말씀하신 것처럼 직원에게는 팀장이 곧 회사고 조직입니다. 팀장이 조직 전체를 바꿀 수 없다면 팀원을 위해서 어떻게 할 수 있을까요?

조직의 원칙을 명확히 먼저 알려주는 일입니다. 저는 이것을 '깜빡이 넣기'로 표현합니다. 운전 중에 깜빡이를 먼저 넣고 방향을 바꾸는 것과 같은 거죠. 흔히 리더십의 영역이라고 생각할 수도 있지만 이런 부면은 매니지먼트 역량이기도 합니다.

실제 사례를 들어보겠습니다.

출근 시간이 8시 30분인 회사가 있습니다. 중요한 프로젝트에 앞서 CEO 보고를 진행해야 하는데, 대표가 너무 바빠서 어쩔 수 없이 시간이 비어있는 오전 6시 30분에 할 수밖에 없습니다. 팀장과 프로젝트를 맡은 젊은 팀원이 보고를 마치고 나왔습니다. 그런데 직원의 입이 쭉 나와 있었습니다. 출근 시간이 8시 30분인데 이 일 때문에 두 시간이나 일찍 나와서 두 시간 손해를 봤다는 겁니다."

'아니 진짜 저런 일이 있다고?' 배 팀장은 충격을 받았다.

"실화냐고 생각하실 겁니다. 실화입니다. 그 팀장님은 화가 났죠. 왜냐하면 자신도 8시 30분이 출근 시간이거든요. 따지고 보면 팀원이 일을 똑바로 처리했으면 팀장인 자신까지 함께 보고하러 올 필요도 없었으니 정작 억울한 건 자신이거든요. 그런데 적반하장이죠. 이런 경우 어떻게 해결해야 할까요?

첫째는 규정입니다. 6시 30분에 출근하게 된 직원의 불만은 정당할까요? 정당하지 않을까요? 「근로기준법」에 의거하여 이 에피소드의 잘잘못을 따져본다면, 근로계약서상에 출근 시간(시업 시간)이 오전 8시 30분으로 정해져 있는데 그보다 2시간 빠른 6시 30분에 출근을 강제한 경우는 이 2시간은 연장근로에 해당한다고 볼 수 있습니다. 물론 법적 분쟁으로 들어가면 조금 더 복잡한 일이 되지만 정해진 시간보다 더 일찍 출근했다는 사실은 그대로일 것입니다. 하지만 그렇다고 이런 부득이한 상황에서 불만을 표출하는 게 적합할까요?

생각을 해보죠. CEO에게 직접 보고하는 이런 특별한 경우가 과연 1년에 몇 번이나 있을까요? 몇 번 없겠죠? 그러므로 이때 팀장님은 이런 추가 근무를 하는 경우가 생겼을 때 그 시간을 정확히 계산해서 반차(4시간) 또는 반반차(2시간) 형태로 돌려주기로 결정했다고 합니다. 1년에 2~4시간 정도 빠진다고 특별하게 업무에 문제가 생기는 것도 아니니까요.

만약 이런 이슈가 생길 것을 미리 예상하고 CEO 보고 이전에 팀원에게 내용을 설명했다면 어땠을까요? 적어도 입을 삐쭉거리지는 않았을 테죠.

팀장은 일에서 규정 사항을 먼저 조율하거나 정해진 조직의 규칙을 우리 팀에 어떻게 적용할 수 있을지 고민해야 합니다. 앞서 배우셨겠지만 평가를 진행하기 전에 반드시 평가 강조 포인트를 목표 설정 때부터 인지시키고 지속적으로 리마인드시켜야 합니다."

▌ 공동 책임은 무책임?

임 작가는 또 하나의 이슈를 들고 나왔다.

"요즘에 팀장이 가장 고민하는 이슈는 바로 공통 업무에 대한 것입니다. 개인 업무 외에 팀 공통의 업무가 있는데, 젊은 세대로 갈수록 공통 업무를 맡지 않으려는 태도가 팽배하다는 것이죠. 여러분의 조직에서도 그런가요?"

배 팀장은 몇 년 전 일이 떠올랐다. 스탭 조직이 새롭게 변하면서 팀에 새로운 취합 업무들이 떨어졌는데, 팀원들이 모두 손사래를 쳤던 것이다. 직급이 낮아지는 순으로 이런 형태의 일을 맡기 꺼려하는 것을 확연히 느꼈다. 예전 조직 문화에서는 말도 안 되는 일이었다.

직급이 아래로 내려갈수록 더 적극적이고 열정적으로 공통 업무를 맡아서 눈도장을 찍는 것이 예의이자 정석이었다. 하지만

'나 때는'을 꺼내는 순간 '라떼'로 몰리고 꼰대 소리를 듣는 것이 싫어서 결국 몇 가지 취합 업무는 팀장인 자신이 진행하기로 했던 것이다.

"이 사례는 제가 직접 겪었던 사례로 말씀드리겠습니다. 저는 여러 직무를 맡았지만 가장 개인주의적 업무를 맡았던 것은 브랜드 매니저 업무를 맡았을 때였던 것 같습니다.

브랜드 매니저의 경우 위의 수명 업무를 받아서 하는 것보다는 내가 맡고 있는 제품과 브랜드 업무를 자기 주도적으로 진행하는 것이 더 큰 업무 비중을 차지했죠. 그러다 보니 공통 업무를 진행하는 것에 메리트는 더욱 크지 않았습니다.

그렇다고 공통 업무가 사라지는 것은 아닙니다. 기본적으로 취합과 같은 공통 업무는 생겨나게 마련이죠. 하지만 저희 팀은 저보다 나이나 연차가 어린 팀원들이 가득했습니다. 당시 저는 팀장이 아니라 팀장 바로 밑에서 일을 보는 주무 역할을 하고 있었습니다. 이런 팀 특성 속에서 어떻게 '공통 책임은 무책임'이라는 함정에서 벗어났을까요? 개인주의는 젊은 세대의 특성이라고 생각하고 팀장님과 제가 업무를 나눠서 진행했어야 할까요?"

배 팀장은 잠자코 있었지만 귀를 기울였다. 본인이 바로 몇 년 전에 '더럽고 치사하니 내가 하고 말지'라는 생각으로 공통 업무를 진행했던 경험이 있었기 때문이다.

"저희는 그렇게 하지 않았습니다. 그래서 정기적 또는 비정기적으로 공통 업무 분배 미팅을 했습니다. 세상에 바쁘지 않은 사람 없다는 걸 알았기 때문인데요. 그래서 이 상황을 뭉개고 가기보다 정확하게 자신의 업무 상태를 팀원들에게 공유하고, 여러 업무를 최대한 모두 합의한 상태에서 분배하기로 했습니다.

이런 분배 미팅 자체가 번거롭다고 할 수도 있지만 저희는 이 과정이 반드시 필요하다고 판단했습니다. 결과는 나쁘지 않았습니다. 비록 미팅 자리에서는 입이 나오고 내가 더 바쁘다고 항변한 적은 있었지만, 논의를 통해서 나온 결과는 생각보다 더 잘 이행하는 모습을 보였거든요

여기서 얻을 수 있는 교훈은 이렇습니다. '이게 젊은 세대의 특징이다'라는 고정관념에 빠져 소통의 노력을 포기하는 것보다는 최대한 중립적인 관점에서 조율의 노력을 포기하지 않는 것입니다.

조직 안에서 젊은 세대와의 업무 소통에서 최우선적으로 고려해야 하는 것은, 지금 하고자 하는 업무 방향 또는 지시 사항이 법과 원칙, 회사 안의 내규를 바탕으로 진행하고 있는지를 파악하는 것입니다. 물론 회사의 모든 일들이 세세한 원칙이 가지고 있지 않을 수 있습니다. 그렇다면 회사 전체 차원이 아니라 내가 맡고 있는 팀 안에서라도 서로가 합의한 내용을 바탕으로 소통을 이루어갈 수 있다는 것입니다. 이러한 최소한의 절차를 가질 수 있다면

우리는 현재 회사에서 일어나고 있는 갈등 중 일부 또는 상당수를 갈등이 일어나기 전에 원만한 처리를 할 수 있을 것입니다. 그리고 이러한 갈등을 단순히 '또 MZ세대가 문제를 일으켰네'와 같은 세대 문제로 격하시키는 함정을 피할 수 있을 것입니다."

3장

나는 상사(Leader)다

자신만의 리더십을 정의하라

첫날 강의를 마치고 집으로 돌아와 잠자리에 누웠지만 배 팀장은 그동안 자신이 팀장으로서 관리자 역할을 제대로 하지 못했다는 자괴감에 잠을 설쳤다. 이제 하루밖에 남지 않은 교육 기간에 최대한 많이 느끼고 배우고 적용하겠다고 다짐하며 다음 날 서둘러 교육장으로 향했다.

교육장은 하루 만에 어제보다 밝고 활기찬 분위기였다.

둘째 날 강의가 시작됐다. 코치는 모두에게 전날 학습한 내용 중에 가장 기억에 남는 단어를 하나씩 말해볼 것을 제안했다. 여기저기서 각자 단어들을 말하자 코치는 빠르게 화이트보드에 받아 적었다.

매니지먼트, 피그스만, 관리자, 리더십, 목표 설정, 성과 관리,

과정 관리, SMART 등 30개의 키워드Keyword가 순식간에 화이트보드를 까맣게 뒤덮었다. 코치는 단어의 양과 질이 어제 학습에 얼마나 몰입했는지를 반증한다며 칭찬을 아끼지 않았다.

"많은 리더들이 직책과 직급에서 오는 권위로, 공포와 협박으로, 술과 선심으로 구성원에게 충성심을 얻으려 합니다. 또 어떤 리더들은 뻔뻔하게도 충성심을 노골적으로 요구하기도 하죠. 하지만 아쉽게도 충성심은 구성원에게 요구한다고 얻어지지 않습니다. 잘못 요구하면 그나마 있던 존중감마저 사라지게 만듭니다.

충성심은 직원의 자발적 선택으로 결정됩니다. 다시 말해 충성심은 리더의 권위나 파워에 의해서가 아니라, 구성원이 자신의 욕구와 기대를 충족시켜줄 수 있다고 믿을 때 리더를 따르겠다고 선택하는 겁니다. 이것이 여러분께서 그토록 갖기 원하는 충성심의 본질입니다. 여러분, 리더십의 정의는 무엇입니까?"

잠시 정적이 흐른 후 고참 이 팀장이 답했다.

"리더십은 사람을 잘 따르게 하는 기술입니다."

"리더십은 팔로워에게 행사하는 강력한 영향력입니다."

"리더십은 직원들로부터의 존경심 아닐까요?"

"몇 단어로 정의하기가 어렵네요. 그래도 정의하자면 리더십은 구성원을 한 방향으로 끌고 가는 원동력이라고 생각합니다."

여러 팀장에게서 리더십의 다양한 정의가 나왔다.

"리더십을 발휘하기 위해서는 나름의 정의가 필요합니다. 누구나 정의를 자의적으로 만들 수 있기 때문에 리더십의 정의도 셀 수 없이 많습니다. 저는 이렇게 정의합니다. '리더십이란 조직의 목표를 달성 과정에서 구성원에게 미치는 긍정적인 영향력'이다."

교육생과 리더십 정의를 마친 양 코치는 본격적으로 팀장에게 현실적으로 가장 필요한 리더십 역량 개발을 위한 강의를 시작했다.

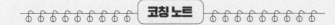

코칭 노트

팀장에게
리더십이란?

팀장은 피라미드 조직 구조에서 직원보다 한두 단계 상위 계층에 있는 존재다. 이미 승진한 것도 크고 대단한 성취지만 올라갈 단계도 많이 남아있고 해야 할 일도 많다. 그렇기 때문에 팀장 때부터 리더십 트레이닝을 통한 리더십 개발이 필요하다.

다행인 것은 리더십은 선천적으로 타고 태어나는 것이 아니라는 점이다. 리더십 특성 이론이 득세하던 1950년대까지 리더십은 타고나는 것이라고 생각했다. 하지만 이제는 아무도 그렇게 생각하지 않는다. 만약 리더십이 타고나는 것이면 많은 조직에서 리더십 강의를 하고 훈련할 필요 없이 그저 훌륭한 리더십을 타고난 사람을 채용하는 정교한 방법이 개발됐을 것이다.

리더십은 리더의 말과 행동, 즉 언행으로 구성원에게 긍정적인 영향을 주는 것이다. 따라서 리더가 말과 행동을 바꾸거나 개발하면 리더십은 자연스럽게 향상된다.

다만 리더십 개발을 위해서는 겸손해야 한다. 자신이 리더로서 부족한 게 많다는 마음가짐이 출발점이며 전부라 해도 과언이 아니다. 겸손하지 않으면 리더십이 개발될 수 있는 것이라는 전제 자체가 무너지는 셈이며 더 이상의 리더십 개발을 기대할 수 없다.

소통의 중심에 당신이 있다

팀장의 말은 단순한 개인적인 의견이 아니며 손바닥 뒤집듯 쉽게 내뱉을 수 없는 무게를 갖는다. 팀장에게 소통 오류나 소통 부재는 단지 말실수가 아니다. 때문에 사과나 유감 표명 수준에서 끝나지 않는 경우가 다반사다. 경험이 많고 다양한 능력을 가진 팀장이 있는 조직은 행운이다. 커뮤니케이션 스킬이 부족하면 그 경험과 능력을 구성원에게 잘 전달하기 어렵고 팀장 개인의 성과가 아닌 팀 전체의 성과로 만들기 어렵기 때문이다.

복잡하고 빠르게 변하는 경영 환경에서 무엇보다 중요한 것이 조직력이다. 아무리 뛰어난 개인도 조직력으로 똘똘 뭉쳐 집단 지성을 발휘하는 조직을 이길 수 없다. 조직력은 상호 신뢰가 바탕이다. 이런 신뢰 형성에 원동력이 원활한 커뮤니케이션이다. 소통

팀장, 바로 당신의 조건

없이는 현재 상황과 문제에 명확한 이해가 불가능하다. 상황 이해가 되지 않는다면 협력하고 싶어도 할 수 없다. 특히 팀장과 직원 사이의 소통은 일사분란한 조직력을 만드는 핵심 축이기 때문에 팀장의 커뮤니케이션 역량은 중요할 수밖에 없다.

팀에서 가장 중요한 소통의 책임은 누구에게 있을까?

두말할 것도 없이 리더인 팀장에게 있다. 팀의 중심에 리더인 팀장이 있기 때문이며, 팀장의 철학과 성향에 의해 소통 방식은 언제든 달라질 수 있기 때문이다. 팀장에게 커뮤니케이션은 사적 영역이 아니라 공적 영역이기 때문에 커뮤니케이션 역량은 리더십 발휘의 기본이다. 이렇게 중요한 팀장의 말과 행동, 감정 표현과 사용하는 글은 직원에게 지속적으로 영향을 미친다. 그렇기 때문에 언행에 각별히 주의해야 하는 것이다.

조직에서 오해의 시작과 끝은 커뮤니케이션인 경우가 다반사다. 처음부터 의도했든 의도하지 않았든 팀장이 하는 말과 행동, 감정 표현은 특정 메시지와 숨은 의도를 담고 있게 마련이다.

‖ 팀장의 커뮤니케이션

직원에게 '내게 돌아오는 건 뭔데?'를 알려준다.

어떤 일이든 그 일을 했을 때 얻을 수 있는 이점도 있지만 불편한 점도 있게 마련이다. 이런 불편함을 경험한 직원들은 뭔가 새로운 일을 해야 할 때 적극적으로 도전하거나 시도하지 않으려 한다.

이럴 때 팀장은 직원들이 '그렇게 함으로써 자신에게 돌아오는 게 무엇인가?'의 답에 초점을 맞춰 소통한다. 이것이 잘 전달되면 직원은 스스로 방법을 찾게 되고 강요하거나 지시하지 않아도 자발적으로 업무에 몰입하는 상태가 된다.

목적을 명확하게 한 다음 수단과 방법을 찾는다.

업무 지시나 소통할 때 많은 팀장이 저지르는 실수는 일의 아웃풋Output 이미지나 일하는 방법만 제시하는 것이다. 일의 근본적인 목적이나 이유를 말해주지 않는 것인데, 그렇게 되면 구성원은 일의 시작을 모른 채 단순히 방법과 결과만 쫓게 된다. 그러므로 더 나은 성과를 달성할 기회를 놓치는 일이 생긴다. 최악은 구성원 스스로 고민과 성찰할 기회를 놓치게 된다. 다른 구성원과 집단지성을 이용해 문제를 해결할 기회를 원천적으로 차단해버리는 것이다.

팀장은 왜 이런 실수를 할까? 수단과 방법을 먼저 이야기하려 드는 까닭이 무엇일까?

이런 방식이 효율적이고 빠른 시간에 만들어오는 결과를 중요하게 생각하기 때문이다. 하지만 이렇게 되면 구성원의 자발적이고 능동적인 참여와 업무에 대한 몰입은 기대하기 힘들어진다.

누구나 단순히 지시를 받는 존재로 인식되는 순간 수동적으로 바뀌고 문제 해결의 아이디어가 있어도 적극적으로 개진하려 하지 않는다. 학창 시절을 떠올려보자. 마음먹고 열심히 공부하려고 하는데, 엄마가 방문을 열고 "너, 공부 안 하니? 언제까지 그렇게 빈둥거릴 거야! 얼른 공부해!"라고 한마디 날리면 그 순간부터 공부하려고 했던 마음은 사라져버린다. 마찬가지다. 구성원을 자발적으로 움직이게 하고 싶다면 이유와 근거가 되는 맥락적인 이야기를 먼저 해야 한다.

경청한 후에 질문하고 피드백해야 한다.

팀장에게 요구되는 소통 방식은 쌍방향이다. 결코 자신의 메시지만을 한 방향으로 전달하는 일방적인 소통이 아니다. 경청은 더 나은 다음 대화를 위해 중요한 정보를 받아들이는 기회가 되며, 좋은 질문은 직원이 존중받는다는 느낌을 갖게 하고 더 많은 이야기를 할 기회를 준다.

직원으로부터 '소통할 시간을 달라'는 요구가 왔을 때는 이미 한발 늦은 상태다. 하지만 이때라도 아직 기회는 있다. 열린 질문을 하고 그들의 이야기에 귀를 활짝 연다면 그들의 진짜 문제나 진짜 메시지를 찾아낼 수 있다.

'나이가 들면 말이 많아진다'는 말이 있다. 나이가 들수록 경험적 지식이 쌓이면서 지식과 스킬에 대한 맹신으로 기회만 되면 자신이 확신하는 그 지식과 경험을 나누려고 대화를 주도하려 드는 것이다. '오늘 내가 말을 너무 많이 했나?'라는 말은 자주 들어봤어도 '오늘 내가 말을 너무 많이 들어줬나?'라는 말은 쉽게 듣지 못했다. 리더 역할에 말까지 주도하게 되면 구성원은 점점 입을 닫는다. 그러니 조직 문화와 역동성, 참여도는 점점 떨어질 수밖에 없는 것이다.

경청은 듣고 행동하는 것까지다. 이것이 포함된 경청을 한 다음 적절한 피드백으로 이어져야 한다.

"김 대리, 넌 왜 맨날 그 모양이야?"

"네가 하는 일이 다 그렇지 뭐…."

"됐고! 다음부터 일이나 똑바로 해!"

"더 이상 듣고 싶지 않아! 정신 똑바로 차리란 말이야!"

이와 같은 말을 내뱉는 훈련되지 않은 리더들은 중간에 말을 자르고 감정과 추측을 섞어낸다. 결국 어렵게 쌓아놓은 신뢰를 한

방에 무너뜨리고 만다.

직원의 상황에 감정이입해야 한다.

팀장의 커뮤니케이션 목적은 맡은 일에 성과를 내거나 문제 해결을 위해서다. 성과나 해결책을 만들기 위해서는 구성원 혼자만의 지식과 경험, 네트워크로 부족할 때가 많다. 이때 문제에 대한 팀장의 감정과 느낌이 제대로 전달돼야 한다. 팀장이 말하려는 의미가 제대로 전달돼야 공감이 시작된다.

하지만 여러 팀장이 공통적으로 하는 실수가 있다. '내가 이정도 이야기했으니 이젠 좀 알아듣겠지'라고 짐작하는 것이다. 자신의 기준으로 공감을 판단하는 까닭이다. 공감의 정도는 상대가 느끼는 것이지 자신이 판단하는 게 아니다. 팀장이 충분하다고 생각해도 직원 역시 그렇게 생각하는 것은 아니다. 직원들이 상사에 대한 불만으로 자주 토로하는 것 중 하나가 공감이다. 특히 90년대생으로 대변되는 주니어 세대들과 커뮤니케이션을 잘하기 위해서는 공감 능력에 더 신경 써야 한다.

'Yes, but 화법'을 활용하면 좋다.

'Yes, but 화법'은 일단 직원의 말을 들은 다음 자신의 의견을 덧붙이는 대화법이다. 장점은 직원을 대화의 중심으로 쉽게 끌어들일 수 있다는 점이다.

팀장이 지시한 업무에 만족스럽지 못한 결과물을 들고 와서 쭈뼛거리며 설명하는 상황을 예로 들어 보자. 이때 성격이 급한 팀장들은 직원의 말을 제대로 들어보지 않은 채 "됐고, 그래서 결론이 뭐야?"라거나 "그래서 하고 싶은 이야기가 뭐야?"라며 다그치는 식으로 말한다.

상사에게 인정이나 칭찬받고 싶지 않은 직원은 없다. 그런데도 이런 상황이 생겼다면 그건 역량이나 경험이 부족하거나 아니면 잘못 이해했을 것이다. 무엇이든 간에 분명히 사정이 있었을 것이다.

따라서 이럴 때일수록 먼저 "어떻게 하겠다는 건지 간단히 설명해줄 수 있을까?"라고 제지한 다음 전후 사정을 들어보겠다는 노력이 필요하다.

분명 직원의 미숙함이 원인일 수 있다. 그럴 경우 "내가 지시한 것을 잘못 이해했군" 또는 "그래서 아직은 혼자 해결하기 어렵단 이야기네"처럼 문제의 본질로 조금씩 접근해도 업무에 큰 차질을 주지 않는다.

커뮤니케이션은 멋질 필요가 없다. 드라마 대사처럼 폼 나고 맛깔나야 하는 것도 아니다. 팀장과 직원 사이의 커뮤니케이션은 진정성 있는 소통이자 교통交通이면 충분하다.

소통 대왕이었던 세종대왕은 자신과 다른 의견을 말하거나 의견에 반대하는 신하를 꾸짖거나 내치지 않고 말을 주고 받았다고 한다. '그 뜻이 좋다'거나 '네 말이 아름답도다'라고 신하의 의견을 일단 수용하고 그다음 자신의 생각과 주장을 설명했다는 것이다. 소통 중에도 언성을 높이거나 위압적인 자세를 취하는 것이 아니라 상대의 허점이나 논리적인 모순을 파고들어 설득했다. 왕도 이렇게 자신을 낮춰 소통했다는 것을 기억하자.

한 번 이야기했다고 모두 이해한 것은 아니다.

오스트리아의 유명한 동물학자로 1973년 노벨생리의학상을 공동 수상한 콘라드 로렌츠Konrad Lorenz는 소통에 대해 이렇게 말했다.

말했다고 해서 들은 것은 아니다.

들었다고 해서 이해한 것은 아니다.

이해했다고 해서 동의한 것은 아니다.

동의했다고 해서 기억한 것은 아니다.

기억했다고 해서 적용한 것은 아니다.

적용했다고 해서 행동이 변한 것은 아니다.

따라서 말했다고 해서 행동이 변하는 것은 아니다.

많은 팀장이 자신은 개떡같이 말해도 직원들이 찰떡같이 알아듣고 자신의 마음까지 헤아려 알아서 착착 일을 잘 해줄 거라는 철석 같은 착각 속에서 나올 때에 비로소 원활한 커뮤니케이션이 가능하다. 피터 드러커Peter Drucker는 "내가 무슨 말을 했느냐가 중요한 것이 아니라, 상대가 무슨 말을 들었느냐가 중요하다"라는 통찰을 남겼다.

▌▍ 팀장 커뮤니케이션의 지향점

코치는 재빠르게 질문을 던졌다.

"자신이 맡고 있는 팀의 다양성 수준을 어느 정도라고 생각하나요? 1부터 5에서 스스로 평가해보세요."

"저희는 3 정도 됩니다. 최연소부터 최고령자까지 연령 차이가 스무 살 이상이고 남녀 비율도 7:3 정도 됩니다."

S유통 서 팀장이 답했다.

"제가 맡은 팀은 5입니다. 물리적인 것부터 화학적인 것까지 서로 맞는 게 하나도 없어요. 극강의 팀이라 하루하루 너무 힘들어요."

다른 조에 있는 팀장이 하소연하듯 대답했다.

일반적인 기업 조직은 보통 20대 초중반부터 50대 중후반까지, 많게는 30~40년의 나이 차, 성별 차, 학력 차가 발생한다. 심지어 글로벌화 확대로 국적, 인종, 종교까지 다른 직원과 함께 일하며 커뮤니케이션해야 한다. 참으로 버거운 과제가 아닐 수 없다. 커뮤니케이션에는 사적인 영역과 업무적인 영역인 공적 영역이 공존한다. 중요한 건 어떤 영역이든 상대와 내가 다르다는 대명제를 반드시 인식하고 공감하는 것이다.

리더십에도 상황이론Contingency theory이라는 게 있다. 구성원이 처한 상황, 성장 단계, 과제, 역할 등 구성원의 상황에 따라 각기 다른 리더십을 보여줘야 한다는 뜻이다. 구성원의 입장이 고려되지 않은 일관적인 리더십은 오히려 독이 될 수 있다. 또한 리더라도 직책과 역할에 따라 영향력의 범위와 파장이 다르기 때문에 직급이 올라갈수록 신중하고 전략적인 커뮤니케이션이 필요하다.

팀장의 언행은 늘 구성원의 주목을 받는다. 팀장이 발신하는 메시지나 커뮤니케이션 방식은 팀의 성과나 사기에 결정적 영향을 미친다. 아무리 유능한 팀장이라도 이해관계자와 커뮤니케이션에 실패하면 자신의 능력을 충분히 발휘할 시간을 확보하기 어렵다.

▌ 구성원이 듣기 좋은 말, 듣기 싫은 말

막장 드라마가 여전히 유행이다. 얽히고 설킨 등장인물의 출생 배경과 인간관계, 자극적인 장면, 일반인은 평생 겪기 어려운 사건들이 연속적으로 자주 등장하는 드라마 말이다.

조직 내에서도 막장 드라마에 버금가는 사내 정치, 음모와 모략, 갈등이 존재한다. 이 모든 이슈를 헤치고 나가는 가장 확실하고 안전한 출발점이 온전한 커뮤니케이션이다. 신뢰도 잦은 소통이 쌓이다 생기는 것이다. 신뢰는 어느 날 리더의 멋있는 한마디와 폼에 즉흥적으로 생기지 않는다.

고용노동부 취업포털 워크넷이 직장인 2,242명을 대상으로 진행한 '상사에게 듣기 좋은 말과 듣기 싫은 말'에 대한 설문조사에 따르면 응답자의 49.7%가 '그냥 시키는 대로 해'를 가장 싫어하는 말 1위로 꼽았다. 그다음으로는 '내가 사원 때는 더한 일도 했어' 34.7%, '직장 생활 몇 년 했어?' 33.1% 등 보수적인 조직 문화와 상사와의 경직된 관계를 보여주는 말들이 상위권에 랭크됐다. 이 밖에도 '분위기 파악을 못 한다' 42.9%, '생각 좀 하면서 일해' 33.0%처럼 인격을 건드리는 공격적인 말이나 '그럼 그렇지', '넌 몰라도 돼', '이것도 몰라?'처럼 역량을 무시하는 말도 상당수에 달했다.

중요한 것은 상사에게 이런 듣기 싫은 말을 들었을 때 어떻게

팀장, 바로 당신의 조건

반응하는가인데, 직장인들은 그런 말을 들었을 때 적극적인 해명이나 불만 표출보다 소극적으로 참고 있다고 답했다. 기분 나쁜 말에 대한 최선의 반응으로 '절대 내색하지 않고 참아야 한다'가 무려 32.0%에 달했다. 직장인의 많은 스트레스가 이렇게 표출하지 못하고 억제된 불만일 것이다. 두 번째로 많이 나온 응답은 '일단 참고 사석에서 이야기한다' 19.6%였다. 그 외 적극적으로 의사표현을 해야 한다고 답한 응답자는 소수에 그쳤다. 직장 내 갑질도 결국은 커뮤니케이션에서 시작하고 끝난다는 사실을 명심하자.

▌ 커뮤니케이션 효과 실험

서울대학교 의학과 윤대현 교수님의 특강에서 따뜻한 커뮤니케이션이 우리 몸에 얼마나 좋은 영향을 주는지 일깨워주는 사례를 들어보자. 미국의 오하이오주립대학교 의과대학에서 실시한 실험의 예다. 그들은 부부 42쌍을 모집한 다음 부부들 각자의 팔에 작은 상처를 냈다. 그리고 완치까지 걸린 시간을 측정했는데, 공격적인 어조로 커뮤니케이션하는 부부가 따뜻한 커뮤니케이션을 주고받는 부부보다 약 2배 이상의 치유 시간이 더 걸렸다.

또 다른 실험도 있다. 흰 쥐의 등에 상처를 입힌 다음 세 가지

각기 다른 환경에 노출시켜 관찰한 실험이다. 첫 번째는 친구 쥐와 함께 있는 환경이었고 두 번째는 혼자 있게 만든 환경이었다. 마지막은 따뜻한 솜을 주고 혼자 있도록 했다. 이 세 가지 환경에서 가장 빠른 치유는 친구 쥐와 함께 둔 경우였다. 반대로 혼자 방치된 쥐는 상처가 잘 아물지 않았다. 따뜻한 솜을 넣어둔 쥐는 혼자 외롭게 있었지만 비교적 빨리 치유됐다. 여기서 생각해볼 것은 솜이 쥐에게 어떤 역할을 했는가다.

인간의 뇌는 자신을 감싸는 항스트레스인 연민 시스템이 존재한다. 그 반대 시스템이 불안-생존 시스템이다. 스트레스 시스템이 뿜는 아드레날린Adrenaline이나 코티졸Cortisol 같은 호르몬은 단기 위기 극복에는 좋지만 오랜 시간 나오면 몸과 마음을 망치는 주범이 된다. 반면 연민 시스템은 대표적인 항스트레스 호르몬인 옥시토신Oxytocin을 만든다.

쥐도 동료와 함께 있을 때 옥시토신이 가장 많이 분비됐다. 외롭게 혼자 남겨진 쥐는 옥시토신 수치가 바닥을 찍었고, 솜과 함께 있던 쥐도 상당한 양의 옥시토신이 분비됐다. 즉, 솜과 함께 있던 쥐는 진짜 친구나 동료가 아니지만 솜에서 따스함을 느꼈다. 쥐 실험을 통해 알 수 있는 것은 그 무엇이든 따스한 관계를 가질 때 힐링에 필요한 호르몬이 많이 분비된다는 것이다.

팀장의 따뜻한 커뮤니케이션은 구성원에 대한 관심의 시작이자 신뢰 형성의 근간이며 로열티의 원천이다. 하물며 이 좋은 따뜻한 커뮤니케이션에는 어떤 비용도 들지 않고 육체적 노동도 필요 없다. 거기다 거의 무한정 생산된다.

코칭 노트

커뮤니케이션 역량은
연습과 훈련으로 높일 수 있는가?

한창 말을 배우는 시기의 아이가 있는 부모는 말 한마디, 표정과 몸짓 하나에도 민감하다. 아이가 부모의 모든 것을 스펀지처럼 받아들이고 배운다는 걸 알기 때문이다. 깜짝 놀랄 정도로 자신을 따라하는 아이의 말과 행동을 보면서 부모의 언행이 아이에게 얼마나 큰 영향을 주는지 알게 된 것이다. 팀장과 구성원 사이의 관계와 일하는 방식도 이와 유사한 면이 많다. 팀장이 자주 쓰는 말투, 주로 쓰는 단어는 구성원에게 깊고 큰 영향을 미친다.

팀장은 의도적으로 구성원끼리 서로 소통하고 협업하게 만들어야 한다. 소통과 협업은 시간이 해결해주지 않는다. 그것은 팀장의 의도적이고 계획적인 커뮤니케이션으로 만들어진다. 그렇기 때문에 팀장은 구성원뿐 아니라 상사와 동료로 이루어진 이해관계자들과 효율적이고 효과적인 커뮤니케이션을 연습하고 준비해야 한다.

커뮤니케이션 역량은 연습과 훈련이 가능하기 때문에 선천적으로 잘하지 못한다고 단정할 필요가 없다. 어려서부터 고착된 습관의 한 부분이라 바꾼다는 게 쉬운 일은 아니지만 그렇다고 불가능한 일도 아니다.

당신은 직원의 가슴을 뛰게 만들 수 있는가?

"팀장 여러분, 여러분이 동기부여돼서 일했을 때는 언제였나요? 그 열정은 어떤 계기로 일어났나요? 각 조별로 이야기를 나눠보고 가장 의미 있거나 재미있었던 사례를 공유해보겠습니다."

배 팀장 조에서는 K전자 이 팀장의 사례가 소개됐다.

"저는 초임 과장 때를 잊지 못합니다. 승진한 지 얼마 지나지 않았는데, 부서와 직무까지 바뀌어 승진 어드벤티지가 모두 없어졌습니다. 새로운 조직에서 새로운 직무와 씨름하느라 정신이 없었죠. 그런데 신기한 것은 일이 하나도 힘들지 않았고 너무 재미있었습니다. 시간이 지나고 생각해보니 부서 분위기가 너무 좋았고, 당시 팀장님도 정말 훌륭한 분이셨어요. 특히 저처럼 직무가 바뀐 사람들을 위해 오리엔테이션은 물론 세심한 관심과 지원을 받았습니다."

유럽의 어떤 양봉가는 호주 어느 지방에 일 년 내내 꽃이 피는 지역이 있다는 이야기를 들었다. 그 양봉가는 자신의 꿀벌통을 모두 배에 실어 호주로 갔다. 그리고 그곳에 도착해 벌들을 방사하며 양봉을 시작했다. 양봉을 시작한 첫 해, 그는 유럽에서보다 많은 꿀을 모았다. 그리고 이듬해가 됐다. 그런데 기대만큼 꿀이 모이지 않았다. 그 이유는 꿀벌이 이전처럼 꿀을 열심히 따지 않았기 때문이었다. 일 년 내내 꽃이 피어있어서 열심히 꿀을 모아 저장할 필요가 없었던 것이다.

조직의 일원으로 일하는 우리도 마찬가지 아닐까? 사람은 적당한 결핍이 있을 때 열심히 일하려는 동기가 유발된다. 팀장은 직원을 어떻게 하면 동기가 유발된 상태로 일하게 만들까를 늘 고민한다. 그 동기는 성취 욕구뿐 아니라 조직에 헌신과 충성심을 만들고 활기찬 분위기를 만드는 묘약이기 때문이다.

때로는 그 자체가 갈등의 원인이 되기도 하지만 효과적으로 관리한다면 엄청난 에너지를 만드는 마법을 부리는 것이 동기부여다.

▎▎ 직원 동기 유발의 시작, 팀장의 리더십

자기 마음에 쏙 드는 열정 넘치는 사람만 채용하거나 배치받는 것은 불가능하다. 그래서 팀장은 동기를 유발시켜 열정 넘치게 만들 수밖에 없다.

사람마다 방법은 달라도 동기가 유발되면 실행력과 추진력, 몰입의 정도가 급격히 상승한다. 동기 유발은 내재적이고 내밀한 과정이다. 하지만 동기 유발은 종종 외부 영향도 크게 받는다. 따라서 내적인 측면만 강조하기보다 자신의 말과 행동, 의사결정으로 영향을 줄 수 있다. 팀장은 직원의 개인적 필요를 충족시키는 내적 동기와 일과 직무에서 역할을 잘 수행하려는 외적 동기 사이에 연결고리를 만들어야 한다.

많은 조직의 리더들은 그에 대한 전략으로 채찍(두려움과 공포)과 당근(인센티브, 개인의 성장)을 사용해왔다. 노동시장에 채찍은 일자리 수의 부족으로 어느 정도 효과를 보인다. 공급자인 노동자가 수요자인 고용자보다 많기 때문이다. 이런 경우 구성원은 목표나 성취보다는 해고당하지 않기 위해 참고 일한다. 일시적으로 생산성이나 실적이 향상될 수 있지만 장기적인 성장과 성과를 기대할 수 없다.

당근은 자본주의 거의 모든 기업에서 확실한 동기 유발 방법으로 인식되고 있다. 하지만 이 방법도 그저 추가적인 보상 수단 정도로 인식이 쉽게 바뀐다. 인센티브로 얻은 대가는 지속적인 동기 유발 역할에 한계가 있다. 지금보다 더 많은 인센티브를 기대하는 직원을 지속적으로 만족시킬 수 있는 조직은 없다. 뿐만 아니라 인센티브는 자칫 조직의 핵심 가치나 윤리적인 문제를 위반하는 역효과를 만들기도 한다.

조직이나 리더와 구성원 개개인의 미래 비전과 목표는 대체적으로 거리가 멀다. '10년 후 매출액 3배 성장, 영업 이익 1,000억 원 달성' 같은 목표는 오너를 흥분시키고 밤잠을 설치게 만들 정도로 좋겠지만 직원의 가슴은 조금도 뛰게 할 수 없다.

멋진 슈트를 차려입고 온 다른 조 팀장이 불쑥 질문을 했다.

"코치님, 동기부여를 잘하고 싶은 건 여기 있는 모든 팀장의 마음일 텐데요. 코치님의 비법이나 마법의 가루 같은 게 있으면 알려주세요."

마법의 가루라는 말에 모두가 빵 터졌다.

"여러분, 혹시 여러분도 직원의 동기부여를 위해 회식을 마법의 가루로 사용하시나요? 그렇다면 그 회식을 자신이 좋아하는 메뉴나 선호하는 장소와 시간에 하시고 계신가요? 만약 그렇다면 그 회식은 누구를 동기부여시키기 위해서 하는 것인가요?

아쉽지만 직원의 동기부여에는 왕도나 지름길이 없습니다.

그저 직원과 팀장 사이의 신뢰와 존중이 쌓이는 시간과 노력밖에 는요. 한두 번의 깜짝 이벤트와 세레모니로 구성원이 동기부여가 된다고 생각한다면 그것이야 말로 착각이며 오산입니다."

▌ 동기부여 원칙

최고 경영자도 성공을 장담할 수 없는 게 직원의 동기부여다. 그렇다면 팀장 레벨에서는 어떻게 해야 할까?

팀장의 동기부여는 손에 잡히는 가능한 것부터다. 팀장은 직원을 통해 일하는 사람이며 직원과 함께 일하는 사람이다. 팀장은 팀장 본연의 일로도 평가를 받지만 직원들과 함께 만들어낸 성과의 총합으로 받는 것이 진짜 성적표다.

동기부여가 되지 않은 팀은 일에 몰입하지 못한다. 일의 차이는 몰입에서 판가름 난다고 해도 과언이 아니다. 몰입하지 못하면 일에 책임감이 낮아 '내 일, 네 일'을 심각하게 따지게 되고, 협력을 거부하거나 자기중심적으로 생각한다. 책임감이 줄어들 때 개인 이기주의와 조직 이기주의는 팽배해지고 분위기는 가라앉는다. 이 지경이 되면 업무 성과가 낮아지지 않는 것이 오히려 이상한 일이다.

'Why'와 의미 부여 후에 조직 목표를 개인 목표로 쪼갠다.

일을 시킬 때는 그 일뿐만 아니라 그 일과 연관된 다른 일의 진행 상황이나 연관 관계까지 최대한 알려준다. 전체의 상황을 알 수 있도록 하는 과정이다. 다소 시간이 조금 더 걸리고 어느 선까지 말해줘야 할지 헷갈리는 순간도 있다. 하지만 직원은 자기주도적으로 오너십을 갖고 책임감 있게 일할 수 있다.

그다음 팀 목표와 개인 목표 차이의 방해 요인을 줄일 방법을 찾는다. 가령 '매출액 150% 성장, 영업 이익 100억 원 달성'이라는 조직 목표에서 팀 목표 달성을 위해 우선해야 할 고려 사항은 '목표 달성을 위해 각 직원이 해야 할 일은 무엇인가?', '무엇이 부족하고 어떤 것이 더 필요한가?', '목표 달성 의지를 높일 수 있는 것은 무엇인가?' 등을 찾아 공감시키는 것이다.

자신의 일이 팀과 회사에 의미 있는 일이라는 것이 명확해질수록 업무 몰입도와 하려는 동기는 커진다.

목표가 달성됐을 때 직원의 이익을 설명한다.

팀의 목표가 달성되면 팀 내 승진자 확대나 업무 영역 확장 등 최대한 구성원이 느낄 수 있도록 직원의 이익을 현실화하고 공유해야 한다. 그 상황을 만들기 위해서는 각 팀의 미션을 조직의 미션과 잘 연계되도록 만드는 일이 필요하다. 개인의 성장이나 목표 달성이 결국 조직의 성장과 목표에 연관되기 때문이다.

회사는 '매출 3배, 영업 이익 1,000억 원 달성' 같은 정량적인 목표를 제시하지만 특성상 정성적인 일을 해야 하는 팀도 있다. 이 경우 정성적인 지표를 개발하는 것이 핵심이다. 예를 들어 인사부서의 경우, '핵심 인재 확보와 육성', '보상경쟁력을 통한 임직원 몰입도 증가', '건강한 노사관계 확보와 유지', '교육을 통한 질적 성장 지원' 등이 될 수 있다. 이렇게 인사조직의 목표가 설정되면 각 기능과 세부 직무를 맡은 개인의 목표와 연결해 해당 조직에 적합한 구성원 개인의 목표를 구체화시켜야 한다. 이렇게 할 때 동기 유발로 이어진다.

한번 맡긴 일은 본인이 책임지게 한다.

일이 지체되거나 진도가 더디고 업무의 질이 떨어질 때 팀장은 개입하고 싶은 충동이 커진다. 하지만 이때 팀장은 내 다리를 꼬집어서라도 참아야 한다. 어쭙잖게 중간에 끼어들면 직원 입장에서는 '자신이 한 것도 아니고, 안 한 것도 아닌', 이도 저도 아닌 일이 돼 반쪽짜리로 전락한다. 책임감이 낮아질수록 몰입도와 오너십은 떨어질 뿐이다.

잦은 소통은 배가 산으로 가는 것을 막는다.

일을 잘하는 리더는 구성원과 잦은 소통을 한다. 많은 리더가 일의 결과물이 도착했을 때 반응을 보이는 것과 대조적이다. 만약 구성원이 먼저 중간 보고나 소통을 하지 않는 경우라도 리더가 일과 관련된 가벼운 질문을 하거나 진행 상황을 보고하도록 요구해서 직간접적인 도움을 줄 수 있다.

팀장에게 구성원은 조직의 목표를 함께 달성해가는 동반자다. 그들은 야단치거나 지적질하는 대상이 아니다.

잘한 것은 쿨하게 인정하고 청찬한다.

청찬은 비용이 거의 들지 않지만 가성비가 매우 높다. 수십억 원의 연봉을 받는 유명 프로야구 선수라도 평범한 안타와 당연한 수비에도 사람들은 박수를 친다. 박수뿐만 아니라 이름을 연호하며 분위기를 후끈 달아오르게 만든다.

직장은 그보다 훨씬 적은 수준의 연봉을 받으니까 그런 박수는 필요 없다고 여길 것인가? 아니다. "청찬은 귀로 먹는 보약과 같다"라는 말도 있다. 팀장의 청찬은 구성원과의 인간관계에 윤활유며 상처 치료제의 명약이다.

∥ 팀워크를 높이기 위한 팀장의 동기부여

팀워크나 조직 문화에서 빠지지 않는 것이 시너지 효과다. 산술적으로 1+1=2+α로 이해되지만 반대되는 경우도 종종 발생한다. 1+1=2-α도 얼마든지 가능하다. 심리학에서는 링겔만 효과 Ringelmann effect 또는 사회적 태만Social loafing이라고도 한다.

링겔만(독일의 심리학자)은 100여 년 전 줄다리기 실험을 고안했다. 한 사람씩 줄다리기할 때와 두 사람씩 팀으로 할 때, 사람 숫자를 늘려갈수록 개개인이 발휘하는 힘의 차이를 알아보는 실험이었다. 만약 시너지 효과가 발휘된다면 줄다리기에 참여한 사람이 늘어날수록 개인이 발휘하는 힘도 증가할 것이다. 하지만 결과는 뜻밖이었다. 2:2 그룹은 1:1로 할 때 기대치의 93%만 사용됐다. 3:3 그룹은 1:1 기준의 85%로 낮아졌다. 8:8로 이루어진 그룹은 1:1 기준에서 겨우 49%의 힘만 쓰는 것으로 나타났다. 참여하는 개인의 수가 늘어날수록 1인당 공헌도가 지속적으로 떨어지는 현상이 발생한 것이다. 혼자 일할 때보다 집단으로 일할 때 개인이 상대적으로 노력을 덜 기울였기 때문이다.

최근 이 실험을 응용한 다른 실험도 있었다. 사람들에게 혼자 소리를 지르게 하고 그 성량을 측정했다. 그런 다음 두 사람씩 짝을 지어 소리를 지르면 개인 평균의 66%밖에 성량이 나지 않았다.

사람 수를 증가시켜 6명이 한꺼번에 소리를 지르게 했더니 이번에는 개인 합계의 36% 정도로 급격히 감소했다. 링겔만 효과와 비슷한 결과다. 사람들은 왜 집단에 있을 때 혼자일 때보다 힘을 덜 주고, 더 작게 소리를 냈을까?

가장 큰 이유는 자신의 존재감을 제대로 인식하지 못했기 때문이다. 줄다리기에 참여하는 구성원은 이런 생각을 하는 것이다. '내가 열심히 해도 줄다리기의 승패가 별반 달라질 것도 아닌데 내가 왜 굳이 최선을 다해야 할까?'

마찬가지로 소리 지르기에 참여한 사람도 '죽어라 소리 질러봐야 내가 소리 지른 건지 다른 사람이 지른 건지 확인할 수도 없는데 굳이 최선을 다할 필요가 있을까?'

팀에서도 비슷한 경우가 비일비재하다. 좋은 아이디어가 있어도 자신이 담당자가 아니라는 이유로 묻어둔다. 또는 문제가 있는 것이 보여도 지적해주지 않아 일을 그르치는 일도 많다.

▋ 팀에서 사회적 태만 제거하기

팀장은 팀에서 링겔만 효과를 없애고 팀 전체의 성과 합을 키워내는 게 중요한 과제다. 팀장은 어떻게 이 사회적 태만의 이슈를 해결할 수 있을까?

'나 하나쯤이야' 하는 생각을 '내가 없으면…'으로

이런 마인드는 자부심과 책임감을 느낄 때 가능하다. 사소한 업무라도 자기 업무의 의미를 이해하고, 소속 팀의 위상을 정확히 안다면 구성원의 자부심은 회복된다.

필자가 관찰한 경험을 하나 소개한다. 새롭게 만들어진 콘텐츠 마케팅팀을 맡은 A 팀장은 구성원이 목표 의식도 부족하고 팀에 대한 정체성도 낮다는 것을 느꼈다. 부임 초기에 구성원과 면담을 나눈 결과, 국내 최고의 회사에 다닌다는 것에는 자부심이 있었지만 하는 일에 대해서는 하나같이 자부심을 느끼지 못하고 있었다. 그들은 자신들의 일을 콘텐츠 제작 회사의 PD나 제작자가 만든 것을 단순히 퍼 나르거나 알리는 일만 하는 수동적인 역할로 인식하고 있었다. 그러다 보니 자신들의 일의 가치를 스스로 낮게 평가하고 일에 대한 열정과 몰입도도 떨어진 것이다. 면담을 마친 A 팀장은 콘텐츠 마케팅의 중요성과 비전에 대해 공유하고 본부장과의 면담을 통해 주기적으로 콘텐츠를 제작하는 PD들과도 소통할 수 있는 자리를 마련했다. 이런 과정이 몇 달 지속되니 구성원은 자신이 하는 일의 가치, 제작과 마케팅의 상호 관계 등에 대해 깨닫게 됐고, 자신의 팀에 대한 정체성도 확실해져서 일에 의미까지 정리가 돼 사기가 올라갔다.

해당 조직은 훨씬 더 나아진 조직 문화를 갖게 됐다. 당연히 그 팀은 이직률이 급격히 줄어들었고 더 나은 성과로 경영진의 주목을 받게 됐다.

무임승차자를 걸러내야 한다.

조직 내에서 자신의 역할을 제대로 해내는 사람에게 합당한 평가가 이뤄지지 않고, 적절히 묻어가는 무임승차자Free rider를 걸러내는 장치가 없다면 태만은 커진다. 이를 방지하기 위해 리더는 조직에 대한 공헌도가 공정하고 분명하게 판단된다는 믿음을 줘야 한다.

게임회사 인재개발팀장으로 근무할 때 일이다. 당시 해외영업팀은 상사가 일방적으로 평가하고 있었다. 또한 팀원들은 평가에 대한 피드백을 받지 못하고 있었다. 그러므로 스펙이 좋은 구성원의 불신과 그들 사이의 과도한 경쟁으로 심각한 균열이 발생하고 있었다.

사정이 이렇다 보니 자신이 맡은 일만 잘하고 상사가 시키는 대로만 해야 평가에 불이익이 없다는 풍토가 생겼다. 자연스럽게 구성원은 동료나 타 부서와의 협력에 소홀하게 되고 그들의 요청에도 바쁘다거나 출장을 핑계로 거절하는 경우가 많았다. 더 큰 문제는 단지 외국어만 잘하는 구성원이 인정받는 무임승차 현상이 확산되는 것이었다. 글로벌 사업을 강조하다 보니 이 부서뿐 아니라 중요한 몇 개 부서가 비슷한 형국이었다.

당시 HR 총괄 임원을 설득해 전사적으로 리더십 다면진단을 실시하고 2일간의 워크숍을 주관했다. 이를 통해 자기 조직의 문제를 객관적인 시각으로 바라보는 시간을 갖게 했다. 구성원도 무임승차하려는 동료 때문에 얼마나 힘든가를 객관적으로 알게 됐다. 더불어 팀장의 리더십이 구성원에게 얼마나 큰 영향을 끼치는지도 다시금 깨달았다. 3년간 이 워크숍을 진행하면서 조직과 직무 만족도를 대폭 상승시킬 수 있었다.

팀에서 사회적 태만을 줄이고 시너지 효과를 만들기 위해서는 구성원의 자부심을 높이려는 노력과 공정하고 객관적인 피드백과 평가가 필요하다.

연봉과 인센티브만으로는
부족하다

직원을 움직이게 하는 동기 요소는 언제나 관심의 대상이다. 최초의 연구는 1946년 코바치K. A. Kovach에 의해 시작된 후 1980년, 1986년에 걸쳐 시대의 변화에 따라 동기 요소가 어떻게 변화하는지 보여준다.

흔히 금전적 보상이 많으면 동기부여가 된다고 생각하지만 항상 그런 것은 아니다. 먹고 사는 것이 중요한 개발도상국이 아닌 경우는 더 그렇다. 필자가 2010년 한국의 게임산업종사자를 대상으로 한 조사를 바탕으로 쓴 논문에도 이를 증명하고 있다. 당시 한국 게임산업종사자의 최고 동기 요인은 '흥미로운 일 자체'였다. 다른 산업에 비해 연봉이 많지 않고 물려받은 재산이 많은 출신자도 아니었다. 연구는 연봉, 인센티브, 특별 포상, 복지 혜택 등이 가장 높은 동기 요인일 것이라는 가설을 세웠지만 결과는 성장과 개발, 고용 안정, 좋은 상사와 관계, 조직의 분위기 등으로 확인됐다. 물론 이 연구가 모든 것을 대변하지는 않지만 단지 연봉이나 승진, 고용 안정으로 직원의 참여와 동기 유발이 해답은 아님을 엿볼 수 있다. 따라서 리더는 복잡하고 빠르고 다양성이 중요한 분야일수록 동기 유발 포인트가 각기 다르다는 것을 이해해야 한다. 더불어 동기 요인을 찾으려는 노력과 권한 내에서 동기 요인을 매칭시키려는 노력이 필요하다. 이렇게 할 때 업무 성과는 물론 팀 분위기까지 달라질 수 있다. 일 자체를 흥미롭게 생각하는 직원은 역량에서 빠른 성장을 보인다.

그들은 왜 싸웠을까?

직원과 갈등 때문에 힘들었던 경험이 있는가? 요즘 직장 내 갑질에 대한 사회적인 인식과 법적 보완이 이뤄지면서 과거에는 직원이 무조건 참고 견뎠으나 이제 상황이 달라졌다. 직원들도 자신의 요구 사항을 직접 이야기하고 팀장에게 맞서기도 하며 갈등이 발생하는 분위기도 감지된다.

‖ 팀 내 갈등 진정한 의미

서로 다른 배경과 다양성을 가진 조직에서 갈등이 없는 것은 그 자체가 미스터리이고 불가능한 상황이다. 자원과 자리가 한정

돼있기 때문에 갈등은 필연적이다. 서로 역량도 경력 개발 목표도 성격도 다른 사람이 공동의 목표를 위해 경쟁하며 일하기에 갈등은 어느 면으로 당연하다. 어쩌면 갈등이 없다는 건 팀장이 상황을 전혀 이해하지 못하고 있다는 반증일 수도 있다.

조직에서 갈등은 자신의 이익을 침해당한다고 느낄 때 확실하게 드러난다. 팀장은 구성원 또는 구성원끼리의 갈등에서 먼저 자신에게 물어야 한다.

"이 갈등을 통해 나는 무엇을 배워야 하는가?"

"이 사람이나 상황이 나에게 무엇을 가르쳐주는가?"

이 질문을 통해 자신의 부족한 점을 스스로 알 수 있다.

다음의 질문에 O, X로 답해보자.

1. 팀 내에서 갈등은 피하거나 없애야 한다.

2. 갈등은 서로에 대한 이해 수준을 높여주면 해결이 가능하다.

3. 팀 내 갈등은 모두 만족하는 방법으로 해결할 수 있다.

4. 팀 내 갈등을 일으키는 사람은 공공의 적이므로 빠른 시간 내에 제거해야 한다.

정답은 네 문제 모두 X다.

갈등이 없다고 생각하는 것은 어떤 이유에서든지 드러내는 것을 꺼리는 게 아닐까? 구성원이 매너리즘이나 패배주의에 빠져 있는 경우에도 겉보기에는 평온해 보일 수 있지만 내면에서 포기와 좌절감에 물들어있을지도 모른다. 팀장은 갈등을 피하지 않고 적극적으로 해결하려는 마인드와 자세가 필요하다.

커뮤니케이션 역량은 연습과 훈련으로 높일 수 있는가?

이 사례는 1960년대 미국 텍사스 한 가정에서 무더운 여름 주말 저녁에 있던 간단한 해프닝에 관한 것이다. 텍사스 시골 아버지 집에 딸이 사위와 함께 방문하자 아버지는 함께 외식할 것을 제안했다. 모두가 속으로는 시원한 집에서 쉬고 싶었지만 다른 가족들이 외식을 원할 거라는 생각에 외식에 찬성했다.

가족은 텍사스의 찌는 듯한 더위에 에어컨도 나오지 않는 구식 승용차를 타고 비포장길로 편도 약 90km나 떨어진 애빌린Abilene 이란 소도시로 갔다. 레스토랑은 서비스 수준도 낮고 맛도 엉망이었다. 그렇게 흙먼지를 뒤집어쓰고 먼 거리를 와서 저녁 식사를 한 후 귀가했다.

가족 모두는 지치고 짜증이 난 상태로 한동안 침묵했다. 사위가 "오늘 저녁 괜찮았죠?"라며 운을 뗐다. 그러자 장모가 "난 사실 가고 싶지 않았지만 가족을 위해 찬성했을 뿐이야"라고 말했다. 다른 가족들도 자기 생각을 털어놨다. 겉으로는 가족 모두가 찬성한 결정처럼 보였는데 사실은 아무도 원하지 않았던 최악의 결정이었다.

이후 사위였던 하비에 의해 정리된 이 일은 애빌린의 역설(애빌린 패러독스)이라고 불렀다. 그 누구도 원하지 않지만 누구도 거부하지 않아서 모두가 억지로 어떤 일에 동참하는 합의의 모순을 뜻하는 말이다.

조직에도 이런 일이 자주 일어난다. 밤늦도록 이어지는 팀 회식, 주말에 진행하는 등산이나 야유회, 수많은 워크숍이 대표적이다.

다음은 팀에서 갈등 해소와 애빌린의 역설을 없애기 위한 방법이다.

1. 갈등 소지가 있는 결정은 숙고의 시간을 갖고 결정하자.
2. 시간이 걸려도 팀원 모두의 이야기를 들어본 후 결정하자.
3. 사내외 네트워크를 활용해 외부적인 시각을 확인하자.
4. 결정 후 진행 상황 공유를 통해 오너십을 갖게 하자.
5. 'NO'라고 말할 수 있는 팀 분위기를 만들자.

‖ 건강한 갈등

팀장의 갈등 관리 역량은 중요한 필요 역량이며 상위 직책으로 갈수록 더 요구되기 때문에 매우 중요하다. 팀장은 갈등이 조직의 건강에 도움이 되는지 아닌지 빠르고 정확하게 판단해야 한다.

팀장은 구성원 사이 갈등 자체만으로 큰 스트레스를 받는다. 하지만 건강한 갈등까지 스트레스받을 필요는 없다. 팀의 목표 달성이나 성과와 관련해서 나오는 의견 차 때문이라면 빠른 중재나 해결보다 일정 기간 방치하는 것도 방법이다. 이런 종류의 갈등은 구성원도 해결을 위해 함께 노력하기 때문에 더 나은 결과나 한 단계 성장하는 계기가 된다.

하지만 파워게임 양상으로 번지는 갈등, 평가나 보상에 의한 갈등, 개인의 목표와 팀의 목표가 달라서 생기는 갈등, 감정적인 앙금이 바탕이 된 갈등들은 해로운 갈등이다. 이때는 적극적으로 개입하고 중재해야만 빠른 봉합이 가능하다.

갈등 유발자 변화시키기(성공 사례)

조직으로 발령받아 초기에 전체 직원을 대상으로 면담을 진행했다. 면담에서 A 대리에 대한 불만이 몇몇 직원에게서 나왔다. 그는 서울의 지명도가 높지 않은 대학을 야간으로 졸업했다. 그래서 그런지 학교 콤플렉스가 있었다. 사교성도 낮았다. 후배에게는 엄하게 대하는 선배였다. 후배는 후배대로 2명 있는 선배는 선배대로 A 대리에 대한 불만이 많았다. 당연히 팀원과 협업이 잘 될 리 없었다. 자신의 업무 공유도 제때 하지 않아 일을 꼬이게 만들었다. 부임 초에 전체 팀원들을 면담한 결과 다수가 팀에서 직무를 바꿔 일하고 싶은 마음이 있었다. 직무를 순환하는 것은 팀원과 팀장에게 작은 문제가 아니다. 따라서 2개월가량 면밀한 확인 후 개입했다.

특히 A 대리와 별도 면담을 통해 개인적으로 어떤 문제가 있는지를 깊이 있게 물었다. 팀원들과 왜 협력이 안 되는지, 팀원들을 불편하게 만든다고 생각하지 않는지 등이었다. 팀의 운영 방향성에 대해서도 이야기했다. A 대리는 자신은 현재 직무를 계속 하고 싶다며 반발했다. 면담 후에는 "누가 팀장님께 나랑 일하기 힘들다고 했느냐"라며 후배를 심하게 다그쳤다고 한다.

면담을 하면서 A 대리가 취미나 미래를 위해 준비하고 있는 것이 있는지 확인했다. 그 결과 문제의 실마리가 풀렸다. 당시 A 대리는 노무사 자격 시험을 준비하고 있었고, 자격증 취득을 위해 기본적으로 공부할 수 있는 절대 시간이 필요했다. 그래서 자신의 직무가 바뀌는 것을 원하지 않았고 하던 일을 계속하면서 시험 공부를 하고 싶어 했다. 개인의 목표와 팀의 목표나 방향성에 충돌이 일어나자 강하게 반발하고 갈등을 일으킨 케이스였다. 결과적으로는 팀장이 책임지고 시험을 준비할 수 있도록 시간적인 지원을 약속하고 구성원의 직무를 순환시켰다.

해결이 힘든 갈등(실패 사례)

B 과장은 좋은 학교를 나오고 국내 5대 그룹에서 근무한 경력으로 입사한 여성 직원이다. C 과장은 공채로 입사해서 같은 회사에서 성장해온 남성으로, 직무 이동을 한 지 얼마 되지 않아 직무에 대한 지식과 스킬이 높지 않았다. B 과장은 직무 이해도가 낮은 C 과장을 공개적으로 무시하는 경우가 잦았고 이 둘의 갈등은 걷잡을 수 없는 지경으로 번졌다. 팀장이 개입하여 서로 존중할 것을 요구하고 경고했다. 이 둘의 갈등 해결을 위해 다각도로 고민하며 해결책을 찾던 중 B 과장이 더 이상 참지 못하고 퇴사하고 말았다. 몇 번의 면담을 통해 설득했지만 B 과장의 결심을 바꾸지는 못했다. 개인의 성격이나 성향의 차이에서 비롯한 갈등은 팀장의 중재나 개입으로 해결되지 않는 경우도 많다.

▌▎ 갈등의 종류와 해결 방법

팀장이 아니라 그 이상의 권위와 권력을 가진 사람이라도 구성원의 갈등을 완벽하게 해결할 수 없다. 따라서 완벽한 해결이 목표가 아닌 갈등을 적절히 관리하는 지혜가 필요하다. 갈등은 크게 업무 갈등과 관계 갈등 두 가지로 구분할 수 있다. 업무 갈등은 일에 대한 역할과 책임, 범위, 순서 등에 대해 서로 합의시키면 된다. 그러므로 팀장의 접근이 상대적으로 쉽다.

관계 갈등은 합의만으로 해결이나 관리가 어렵다. 관계 갈등은 업무 유형에 관계없이 팀에 끼치는 해로움이 크다. 관계 갈등은 표면적으로는 업무 수행을 방해하지 않기 때문에 팀장이 빠르게 발견해내기 쉽지 않다. 친한 사람과는 갈등을 만들려고 하지 않기에 서로 의존적인 일을 하는 구성원 사이의 갈등은 모두 힘들고 피해도 크다. 조기에 해결하지 못하면 결국 업무를 방해하고 몰입도와 조직 로열티를 떨어뜨린다. 개인의 갈등이 확대, 재생산돼 팀 전체가 영향을 받고 업무를 방해한다. 업무 갈등에서 시작해 관계 갈등으로 이어지는 경우도 많다.

의사결정 과정에서 생기는 의견 차이나 약한 갈등은 일에 더 치열하게 몰입하는 촉매제 역할을 하기도 한다. 하지만 갈등이 깊어지면 효과는 상쇄되고 서로에게 분열된 감정으로 업무 집중도가 낮아지며 분위기도 산만해진다.

이슈 당사자 주장의 정도와 협력의 정도에 따라 2×2 매트릭스를 그릴 수 있다. 가운데까지 합쳐 다섯 가지 접근법이 있다.

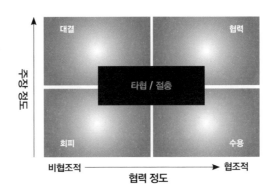

① **회피:** 이슈를 무시하거나 문제 사실 자체를 부정하려 한다. 팀장은 갈등 상황에 정면으로 맞서지 않고, 직원들은 문제가 저절로 해소될 것이라는 막연한 희망을 갖는다.

② **수용:** 협력적인 직원이 합의를 위해 자신의 이익을 포기할 수 있다. 팀장 입장에서는 일부 의견이나 아이디어를 잃는 손해를 입는다.

③ **대결:** 공격적으로 행동하면서 이기려고 노력하는 것도 갈등을 해결하는 한 방법이다. 이때는 훌륭한 결정을 내리는 일보다 승리를 거

두는 것이 더 중요할 수도 있어 목적과 본질이 뒤바뀌는 결과를 맞기도 한다.

④ **협력:** 갈등 당사자 양편이 중요한 이해관계를 갖고 있을 때는 팀이 두 사람 모두를 만족시킬 해결책을 찾을 필요가 있다. 이는 당사자뿐 아니라 다른 구성원에 대한 존중이다.

⑤ **타협/절충:** 모든 사람이 조금씩 양보하도록 유도하는 것인데 쉽지 않다.

▌ 글로벌 기업의 갈등 해결, 챌린지 문화와 협업

글로벌 회사들은 서로 냉정하게 지적하는 챌린지 문화를 장려한다. 최근 우리나라도 챌린지 문화를 도입하는 기업이 늘고 있다. 잘만 관리하면 일의 퀄리티를 높이고 실수를 줄일 수 있는 합리적인 좋은 방법이다.

하지만 챌린지 문화가 정착되지 않은 상태에서는 흔히 '지적질'로 인식돼 새로운 갈등 요인으로 발전할 가능성이 있다.

팩트로 지적하고 대안도 함께 고민해주는 건전한 챌린지 문화가 정착되지 않았을 때 벌어지는 상황이다.

1. 지적이 아닌 비난이 되고 감정적인 시비로 발전한다.

2. 지적 이후에 관계가 서먹서먹해진다.

3. 감정이 섞인 지적 이후에는 함께 일하기 힘들다.

4. 지적이 아니라 무차별 공격, 융단폭격으로 느껴진다.

5. 지적이 아닌 인격적 디스를 가한다.

6. 답을 알고 있으면서 테스트 목적으로 질문하는 바람에 불쾌하게 생각한다.

7. 딴지 걸기, 뒷다리 잡기 같은 느낌을 지울 수 없다.

8. 문제점을 지적만하고 대안은 없다. 담당자의 잘못을 추궁하는 듯한 분위기로 몰아 공개재판을 받는 것 같다.

9. 인신공격으로 변질되고 이전에 감정이 좋지 않았던 상대에게 카운터펀치를 날리는 것 같다.

10. 목적과 본질에 근거하지 않은 지적은 문제 해결에 도움이 되지 않는다.

11. 회사나 본부 전체를 보지 않고 자기 부서나 자기 파트 일만 생각하는 조직 이기주의를 노골적으로 표출한다.

12. 아무리 좋은 지적도 감정적으로 준비가 안 된 상태에서는 상대에게 원래 의도했던 것을 전달할 수 없다.

지적하는 문화가 제대로 성숙하지 않은 상태에서 "그 제안에는 문제가 있어!"라고 말을 하면 듣는 사람은 "멍청하기는. 그것도 제대로 모르냐?" 또는 "당신이 제대로 할 줄 아는 게 뭐가 있겠어?"라는 식으로 들릴 수 있다.

감정 문제로 확산되는 것을 막기 위해 지적하는 사람은 상대에게 감정적인 상처를 주거나 인격적인 모멸감을 주기 위한 것이 아니라는 점을 분명히 해야 한다. 성과와 상대가 잘되기를 바라는 마음을 갖고 지적한다는 것 말이다. 이런 신뢰가 없을 때 업무 갈등이 관계 갈등으로 번질 가능성이 높아진다. 고성과를 만드는 팀은 갈등을 생산적으로 활용할 줄 안다. 그리고 그 중심에 팀장의 역량이 있다.

믿고 맡긴다는 달콤한 함정

권한 위임은 실천이 생각보다 어렵다. 잘못했다가는 신뢰와 로열티가 무너지는 양날의 검과 같다.

‖ 권한 위임의 양면성

기업과 공공 기관 조직도는 고대 로마군이 모델이다. 따라서 효율성과 효과성에 집중돼있다. 자연스럽게 군대 조직 문화나 일하는 흔적이 남아있다. 우리나라처럼 징병제를 택한 나라의 경우 대부분의 남자는 군대의 조직 문화를 접한 후에 기업(또는 공공 기관)에 속하게 되므로 이에 따른 여러 장단점이 발생한다.

군대의 사명은 적의 목숨을 많이 빼앗아 항복을 받아내거나 무력으로 점령해 끝내는 일이다. 적을 이기는 가장 효과적이고 효율적인 체계가 상명하복上命下服의 지휘 체계다. 지휘관인 상관의 명령에 복종하는 것이 군율이며, 실제 전장에서 그 체계를 어기면 별도의 재판 없이도 생명까지 뺏을 수 있다. 군대는 전시든 평시든 관계없이 모든 업무(작전) 지시 활동에서 상명하복 체계다. 단기간의 성과나 긴급성을 요하는 일의 경우는 이 체계가 효과적이기 때문에 리더나 조직은 마다할 이유가 없다.

한편 기업이든 공공 기관이든 조직의 미션인 존재 이유는 영속성의 확보, 즉 계속해서 살아남는 것이다. 어떤 조직도 언제든 없어질 것을 전제로 만들지 않는다. 마찬가지로 어떤 팀장도 언제든 없어질 팀을 맡고 싶어 하지 않는다. 어떤 팀장도 자신이 떠난 후에 맡았던 팀이 망가지는 모습을 보고 싶어 하지 않는다.

팀장이 떠난 후 조직 성과가 곤두박질치거나 무너져 내리면 전임자를 칭찬하고 현재 팀장의 리더십을 평가절하한다. 멀쩡했던 팀이 팀장이 바뀌어 망가졌다는 논리다.

하지만 전임자의 역할과 리더십에 대한 복기나 올바른 재평가도 없이 현재 팀장을 평가하는 게 합당한 것일까? 만약 전임 팀장이 팀 리더십이 바뀌어도 잘 돌아갈 수 있는 체계를 만들어놓고, 구성원의 역량을 높여놓았다면 어땠을까?

물론 바뀐 팀장의 리더십 역량에 따라 성과가 달라질 수 있다. 하지만 멀쩡하던 조직의 성과가 급작스럽게 곤두박질치는 일은 흔치 않다.

요즘 기업은 왜 권한 위임을 강조할까? 그 답은 변화가 급박한 시기에 적절한 권한 위임을 통해 의사결정의 질과 속도를 높여 조직의 영속성 확보와 건강도를 높이기 위해서다. 그런데 권한 위임이란 말에는 양면성이 있다. 팀장 입장에서는 내가 애써 얻은 권한을 쉽게 넘겨주라는 것처럼 들려 못마땅한 것이 된다.

직원은 드디어 리더의 통제와 굴레에서 벗어나 자기 책임하에 주도적으로 일을 할 수 있다는 것에 상당한 동기부여가 되고 의욕이 생길 수 있다. 하지만 수동적인 직원이라면 마냥 좋아하지도 않는다. 자신이 책임지는 상황이 큰 스트레스로 작용하기 때문이다.

‖ 권한 위임은 팀장의 영역

권한 위임은 아랫사람이 먼저 말을 꺼내기도 어렵고 요청할 수도 없다. 분위기 파악을 못 하고 이야기를 꺼냈다가는 팀장의 역린을 건드린 대역죄인이 되기 딱이다. 권한 위임은 철저하게 윗사람인 팀장이 먼저 결심하고 구성원에게 통보하여 따를 것을 요구

　　　　　　　　　　　　　　　　　　　팀장, 바로 당신의 조건

한다.

경영의 노하우 중에 에너지 총량의 법칙이 있다. 조직의 에너지는 총량이 있어서 누군가 많이 쓰면 다른 사람은 덜 쓰게 된다는 뜻이다. 결국 총량을 넘어서지 않는다는 의미다. 어느 한쪽에서 과다하게 사용하면 다른 쪽은 덜 사용해 결국 전체 균형을 이룬다는 뜻으로, 조직 생활에 적용해보니 맞는 것 같기도 하다.

팀장이 아주 사소한 일까지 직접 모두 챙기면 팀장의 에너지는 올라가고 성취감이나 존재 이유는 높아질 수 있다. 하지만 나머지 직원들의 에너지와 의욕은 줄어들고 구성원은 방관자로 바뀌게 된다. 결국 팀 전체의 에너지는 줄어들거나 겨우 비슷해진다는 의미다.

사회적으로 성공하고 에너지와 자신감이 넘치는 부모 밑에서는 그에 필적하지 못하는 경우가 많은 것도 같은 의미로 이해할 수 있다. 이 개념은 증명되거나 학계에서 개념화된 것은 아니지만 팀장이 성찰해볼 가치가 있다.

팀장이 설쳐대면 직원은 쪼그라든다. 팀장의 오너십이 과하면 직원은 그저 월급쟁이로 전락한다. 이 경우 양쪽의 차이는 더 벌어져 서로 회복할 수 없는 지경에 이르기도 한다.

‖ 권한 위임이 필요한 진짜 이유

권한 위임이 불편하고 어려운 이유는 팀장이 직원을 온전히 믿지 못하기 때문이다. 자신에 비해 경험이나 역량이 부족한 직원이 '나보다 더 잘할 수 없다'와 '나만큼 책임감이 없다'라는 근자감(근거 없는 자신감)이 이유다. 그러니 사소한 일까지 직접 챙기고 통제해야 안심이 된다.

문제는 팀장이 깊게 관여하면 직원은 자신의 일을 한다고 생각하지 않고 팀장 일을 대신 해준다고 생각한다. 대신 해준다 생각하니 자기 생각이나 아이디어는 없고 시키는 대로만 하는 수동적인 자세로 바뀐다. 문제가 생겨도 스스로 해결책을 찾지 않고 팀장에게 보고하고 지침을 기다린다. 생각도 없고 의지도 없는 사람으로 전락하는 것이다. 매뉴얼이나 지침이 없으면 움직이지 않는 무기력하고 어이없는 사람말이다.

피터 드러커는 "권한 위임이란 리더가 자신의 일을 떼어내 구성원에게 맡기는 것이 아니라, 리더 자신의 일을 수행하기 위해 필요한 것이다"라는 통찰을 남겼다. 직원에게 적절한 일과 권한 위임을 해야 팀장도 가치 있고 의미 있는 일을 할 수 있는 시간과 자원을 벌 수 있다. 직원에게 권한 위임을 한다는 것은 그들을 책임 있는 또 하나의 리더로 인정하는 것이다. 정보를 공유하고 질문하며 대화면서 일의 본질과 핵심을 깨닫고 성장하는 기회를 갖는다. 팀장은 이슈 사항 중심으로 챙길 수 있고 의도대로 일이 진행되는지 체크할 시간이 주어진다.

코치는 자신의 경험을 이렇게 말했다.

"저 역시 파트장으로 3년, 팀장 8년, 담당 임원 6년, 총 17년 동안 크고 작은 조직의 리더 역할을 맡아왔습니다. 그때나 지금이나 제가 가진 원칙 중 하나가 적절한 권한 위임입니다. 그래야 '나도 살고 조직도 산다'였습니다. 일찍이 그런 생각에 이른 데는 사원·대리 시절 함께 근무했던 분 중에서 A부터 Z까지 본인이 다 꿰차고 지시하고 챙기는 팀장 덕분입니다. 그 팀장과 2년간 근무하면서 팀의 성과와 분위기가 수직 낙하하는 걸 직접 경험한 영향이 컸습니다.

이후 MBA를 공부하면서 '팀장이 해당 업무를 완전히 파악하고 전문가가 된 이후에야 권한 위임을 할 수 있는 게 아닌가?'라는 생각이 착오라는 걸 배웠습니다. 팀장이 해당 업무에 전문성이 부족해도 책임과 권한을 위임한 후 학습과 직간접 경험, 대화와 관찰 같은 방법을 통해 부족한 전문성을 빠르게 보완해나갈 수 있다는 걸 배웠기 때문입니다."

코치는 기존의 상하 관계 중심의 리더-구성원 모델과 권한 위임을 강조한 리더-셀프 리더 모델로 정리해 소개했다.

"제가 기존 회사에서 다른 계열사 인사팀장으로 발령받았을 때 이야기를 하나 해드리겠습니다. 맡은 인사팀은 구성원이 20명 남짓한 큰 팀이었습니다. 전임 팀장은 전형적인 리더 중심으로 일하는 타입이었습니다. 당연히 직원들과 Command & Control 방식으로 소통했습니다.

저는 부임 초에 전 직원 면담을 진행했습니다. 그리고 며칠 동안 같이 일하면서 고참이든 주니어든 하나같이 자신감이 없고, 팀장인 제 눈치를 많이 보며 사소한 것까지 보고하고 확인하고 또 확인한 다음 일하는 것을 봤습니다. 2~3주가량 업무 파악을 하고 구성원의 장단점을 파악한 것을 기반으로 권한 위임 방식으로 일하고 소통하겠다고 선언했습니다.

처음에는 혼란스러워하는 분위기도 감지됐습니다. 하지만 스마트한 그들은 곧 적응했습니다. 부임 초에 면담하고 관찰했던 사람이 맞는지 싶을 정도의 책임감과 열정으로 업무에 임하는 모습을 보였습니다. 저는 사소한 것까지 신경 쓰지 않아 시간을 효과적으로 활용할 수 있었고 구성원은 주도성과 책임감을 갖고 일하게 됐습니다. 그중 가장 큰 변화는 사무실이 이전보다 훨씬 시끄러워졌다는 것입니다.

그들과 함께한 2년 동안 어려움도 많았지만 권한 위임 방식을 끝까지 지켰습니다. 그렇다면 권한 위임이 잘못됐을 때는 어떻게 될까요?

만약 팀에서 권한 위임이 부정적인 모습으로 작동하면 어떤 일이 일어날지 순서대로 이야기해보겠습니다.

첫째는 팀장이 위임해야 할 일과 절대로 위임하지 말아야 할 일에 대한 치밀한 고민 없이 일과 권한의 일부를 넘겨주는 것입니다.

둘째는 주도성을 높인다는 명분으로 덜컥 '책임도 자네가 지게'라고 말합니다. 물론 이렇게 말해도 팀장은 관리 책임에서 절대 자유로울 수 없습니다.

셋째는 책임까지 넘어간 그 일에서 팀장의 오너십과 관심은 줄고 그 사이 일은 엉뚱하게 점점 산으로 갑니다. 물론 직원도 어려움을 겪습니다. 일에 대한 과도한 책임감은 몰입을 방해하고 성공할 확률을 떨어뜨리지요. 동기부여는커녕 스트레스에 시달리게 됩니다.

오늘 이 교육에 오기 전까지 여러분도 경험하고 계시지 않나요? 업무 지시를 내리고 책임과 권한을 운운하면 알아서 잘할 거라 생각하지만 별개의 문제입니다. 권한 위임으로 팀장과 직원의 역할을 정할 때는 그 역할을 위임했을 때와 위임하지 않았을 때의 장단점을 따져본 다음 시도해야 합니다."

▮▮ 권한을 위임할 때 팀장과 구성원이 챙겨야 할 것

'권한 위임 → 동기 유발 → 성과 창출'이라는 성공적 프로세스가 만들어지기 위해서 팀장과 구성원 사이의 신뢰 그리고 책임감과 오너십이 필요하다. 신뢰, 책임감, 오너십이라는 삼박자다. 권한 위임 전에 '이 일의 권한을 위임할 때 걱정스럽거나 염려되는 것은 무엇인가?'를 먼저 생각해 신중하게 결정해야 한다.

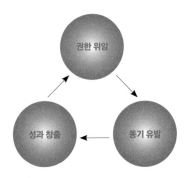

권한 위임을 거둬들이는 모양새는 구성원에게 신뢰를 잃는 결정적인 요인이다. 우려되는 사항의 해결책 없이 권한 위임을 하면 안 된다. 리더를 위태롭게 하는 이들은 가까운 사람들이고 결코 멀리 있는 무리가 아니다. 권한은 파워다. 이 파워가 팽창을 계속하면 어느 순간 상사도 컨트롤할 수 없는 상태에 이른다. 권한 위임은 팀장과 구성원에게 약이 되거나 독이 된다. 따라서 신중히 실피는 것이 필수다.

▌ 권한 위임 성공을 위해 팀장이 할 일

위임과 방임을 구분한다.

방임을 원하는 팀장은 없다. 위임을 위해 중간 보고를 받는 습관을 들여 일의 진척 상황을 파악하고 있어야 한다. 그래야 적시에 도움을 줄 수 있고, 팀장이 일을 챙기고 있다는 믿음을 줄 수 있다. 다만 중간 보고는 시시콜콜 참견하고 평가하겠다는 것이 아니다. 직원을 지지하고 지원하기 위함임을 분명히 해야 한다.

재량권은 다르게 준다.

위임은 모든 직원에게 비슷한 재량권을 주는 게 아니다. 각자의 역량 수준과 업무 숙련도가 고려돼 부여해야 한다. 지극히 상식적인 이야기다. 신입과 주니어와 중견과 고참 직원이 같을 수 없다.

재량권의 범위는 작은 것부터 시작한다.

권한 위임 이후에 예기치 못한 일이 생겨도 조금 더 참고 기다려줄 때 궁극적인 목적과 선순환 구조를 달성할 수 있다.

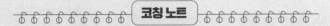

권한 위임의
두 가지 일하는 방식

리더 vs. 셀프 리더 모델: 직원에게 권한 위임한 팀의 일하는 방식

- 직원 사이에 협업과 협력을 중시한다.

- 대화와 토론을 선호한다.

- 팀장이 직접 정보를 공유하고 직원 사이에도 정보 공유를 유도한다.

- 스스로 학습할 수 있도록 독려한다.

- 1:1 & 1:N 소통에 능하며 적절히 활용한다.

- 비공식적인 미팅Coffee break을 선호한다.

리더 vs. 부하 직원 모델: 권한 위임 없이 팀장 중심으로 일하는 방식

- 팀장이 명령하고 통제한다.

- 보고받고 즉석에서 지시하는 것을 선호한다.

- 정보 공유에 인색하다.

- 직접 가르치고 지적한다.

- 1:1 소통보다 전체 미팅을 선호한다.

- 공식적인 미팅이나 회식을 중시한다.

기다리지 말고 먼저 시작하라

"솔선수범을 잘못하고 있다고 생각하시는 분은 손을 들어보시겠어요?"

코치의 질문에 손을 드는 사람은 아무도 없었다.

"그렇다면 솔선수범을 아주 잘하고 있다고 생각하는 분은 손 들어보세요!"

쭈뼛쭈뼛하기는 해도 누구도 손을 바로 들지 못했다.

"솔선수범! 참 많이 들은 말이고 참 쉬운 것인데, 막상 실천하기는 쉽지 않다는 것을 좀전에 직접 확인했습니다. 그렇죠?"

팀장들도 서로 멋쩍은 웃음을 지었다.

▍ 가장 강력하고 확실한 명령 체계는 리더의 솔선수범

솔선수범率先垂範의 '솔率'은 '이끌다', '선先'은 '먼저', '수垂'는 '드리운다', '범範'은 '모범'이란 뜻이다. 우리 주제로 보면 팀장이 앞장서 모범을 보이며 조직을 이끄는 것이다.

대한민국 남성의 대부분이 경험한 군대 시절 사열을 떠올려보자. 사열할 때 기준이 되는 사람이 필요하다. 그 기준이 자리 잡아줘야 '오'와 '열'이 맞춰지듯이 팀장의 솔선수범도 팀에 그런 기준점이 되는 역할이다. 좋은 말은 누구나 할 수 있다. 누구든 좋은 규칙이나 제도도 만들 수 있다. 하지만 그 말이나 규칙, 제도가 성공적으로 안착할지 아니면 실패할지는 상위 계층도 똑같이 지키느냐에 있다.

만약 리더나 상위 계층은 예외로 한다면 규칙이나 제도가 지켜지지 않을 것은 확실하다. 공포 분위기를 조성하거나 감시를 강화한다면 당장은 지켜지는 것처럼 보여도 장기적으로는 어렵없다.

군대에서 사병이 가장 무서워하는 장교는 욕하고 고함지르며 협박하는 장교가 아니라 사병과 연병장을 같이 뛰거나 훈련에 함께 참여하는 장교다. '네이비실'로 더 유명한 미국의 해병대가 귀신 잡는 미국 해병대로 명성을 얻을 수 있었던 것은 장교의 솔선수범 리더십 덕분이다. 미국 해병대는 장교와 사병이 훈련에 같이 참

가한다. 지옥 훈련을 함께 헤쳐가면서 유대감은 자연스럽게 형성된다. 장교는 사병에게 어떤 어려움이 있는지 쉽게 알 수 있고 사병은 장교의 솔선수범을 보면서 훈련에 몰입한다. 이런 과정을 통해 조직은 상하 간의 이해와 지원, 보완의 관계로 발전해간다. 장교는 자신의 이익을 위해 사병을 이용하지 않고, 사병은 장교를 경계하거나 욕되게 하지 않는다. 장교는 존중감을 가지고 사병을 대하며, 사병에게 최선을 다해 훈련에 임할 것을 요구한다. 이 얼마나 아름다운 모습인가?

평소 이런 훈련과 상호 존중, 이해 덕분에 목숨이 달린 절체절명의 순간에도 사병과 장교는 조직을 위해, 때로는 대의명분을 위해 기꺼이 작전의 최전선에 뛰어들 수 있는 것이다.

네덜란드 암스테르담 대학의 푸테Bas van den Putte 교수는 "이 초콜릿은 아주 맛이 좋아"라고 말로 설득하기보다 초콜릿을 맛있게 먹는 모습을 보여주는 것이 '나도 저 초콜릿을 먹고 싶다'는 생각을 훨씬 강하게 불러일으킨다는 사실을 실험으로 증명했다.

구성원과 함께 식사하고, 교육받고, 일하는 과정에서 신뢰는 싹튼다. 팀이라는 공동의 목표 달성을 위해 자신도 모르는 사이 한 발씩 보조를 맞춰가는 것이 솔선수범의 강력한 힘이다. 정리하면 솔선수범은 가장 좋은 행동수정법이자 구성원을 바꿀 수 있는 거의 유일한 방법이다.

생각해보자. 자라면서 가정과 학교, 종교 단체 비롯한 사회 공동체에서 얼마나 좋은 말을 많이 들었는가? 그렇게 좋은 말 가운데 실천하며 행동하는 것은 얼마나 될까? 전 세계의 모든 엄마, 아빠가 하는 좋은 말은 자녀 교육에 얼마나 크게 영향을 미치며 자녀들의 습관이나 행동을 바꿨을까? 아쉽게도 엄마, 아빠의 좋은 말은 대부분 잔소리로 여겨 행동에 큰 영향을 주지 못한다.

팀장이 공과 사를 제대로 구분하지 않고 회사의 자금이나 자원 활용이 투명하지 않으면 구성원도 자연스럽게 공과 사 구분을 하지 못한다. 이런 조직을 감사하면 고구마 줄기에 고구마가 줄줄이 매달려있는 것처럼 문제가 얽히고 설켜 부서 전체가 쑥대밭이 되기도 한다.

▌ 학력도 경험도 극복한 솔선수범의 힘

국내 모 그룹의 연수원 관리를 맡은 도급업체 K 소장에 관한 이야기다. 그는 고졸 학력이 전부인 전기기사 출신으로, 전기 기술자 두 명을 밑에 두고 전기 설비 문제를 해결하고 지원하는 역할을 맡고 있었다. 일하고 소통하는 방식이 세련되지 않았고, 그저 묵묵히 자기 일을 하는 우직한 스타일이다. 그렇게 특별할 것 없이 일하던 그에게 기회이자 위기가 찾아왔다. 상사인 도급업체 소장이 자체 감사 결과 컴플라이언스 관련 문제가 적발돼 불명예 퇴직을 하게 됐다. 해당 도급업체는 연수원에 해당 사실을 통보했고, 다른 사람을 소장으로 파견하는 것에 다른 의견이 있는지 물었다.

당시 연수원 관리 팀장은 처음부터 다시 시설 전반을 익히는 데는 시간이 오래 걸리고, 사십 명이 넘는 지원 인력 관리도 어려우니 기존 인력에서 승진을 제안을 했다. 그리고 추천한 사람이 전기파트장인 K 씨다. 도급업체는 그 제안을 받아들여 K 씨를 관리소장으로 임명했다. 그러자 다수의 구성원이 노골적으로 불만을 표시했다. 고졸 학력에 이전까지 호형호제하며 지내던 사람을 소장으로 모시려니 불편했던 것이다. 하지만 K 씨는 관리소장으로 최종 낙점됐다.

전기 파트만 신경 쓰다가 기계, 미화, 경비, 조경 등 다른 부분까지 챙기려니 처음에는 버거워하는 기색이 역력했지만 잘 견뎌냈다. 흥미로운 사실은 소장 승진을 반대했던 구성원이 인정과 칭찬 모드로 변했다는 것이다. 이유는 간단했다. K 씨가 소장이 된 후로 더 솔선수범했기 때문이다. 매일 제일 일찍 출근하는 것은 물론이요, 눈이 오면 제일 먼저 빗자루를 들고 나가 눈을 쓸기 시작하고 미화 담당 여사님들보다 더 열심히 일했다. 이런 일이 지속적으로 반복되자 구성원도 관리소장을 진심으로 인정하게 됐고, 오히려 이전의 대졸 출신 관리소장보다 더 허물없이 믿고 따르는 관계로 발전하여 조직 분위기도 훨씬 좋아졌다.

▮ 팀장이 솔선수범하면 일어나는 일

팀장이 문제 해결에 최선을 다하면 구성원도 건성건성 일하지 않는다. 이는 구성원이 눈치껏 하는 수준에 머물지 않고 팀장의 행동에 자극을 받아 제대로 하고 싶어지게 만들기 때문이다. 팀장이 새로운 트렌드나 신기술에 열의를 보이면 구성원도 자연스럽게 학습 지향성이 생긴다. 조직은 순식간이 아닌 서서히 바뀌는 구조이다. 리더는 조직의 문화를 만드는 사람이자 조직 문화 그 자체다. 진정으로 상대의 행동을 바꾸는 유일한 길은 솔선수범이다.

훌륭한 리더십이란 캠핑장에 머물다 갈 때 조금이라도 더 낫게 만들고 떠나는 것이다.

–리더십 전문가인 제임스 쿠제스James M. Kouzes

의사결정이 힘든 당신을 위해서

"이번 주제는 팀장의 의사결정입니다. 의사결정이라는 주제 하나로 학부에서 한 학기를 가르치고, 직장인 교육에서는 최소 2박 3일이 소요되는 주제입니다. 그만큼 중요하고 많은 학습과 노력이 필요한 주제입니다. 하지만 이번 교육에서는 팀워크 형성과 팀장의 리더십 강화에 한해 가볍게 다루겠습니다."

▌ 의사결정에서 경계할 것

팀장은 팀 단위 의사결정자다. 팀장이 된 후 가장 힘든 일을 물으면 70~80%가 의사결정을 꼽는다.

직원 입장에서 팀장의 의사결정을 평가하는 것은 어렵지 않다. 한발 떨어져 비판하던 입장이기 때문이다. 하지만 막상 작은 것부터 중요한 것까지 결정할 때는 고려할 게 많다. 실패도 두렵다. 의사결정이란 발생하는 일에 연대책임을 지겠다는 것과 같다.

팀장이 곤경에 처하면 팀도 어려움을 겪고, 팀장이 성공하면 팀도 돋보이게 마련이다. 그렇기 때문에 팀장의 의사결정은 팀의 운명과 직결된다 해도 지나치지 않다.

세계 탄산 음료 시장에서 만년 2위였던 펩시콜라는 부동의 1위 코카콜라와 무리하게 경쟁하는 대신에 웰빙 트렌드를 예측하고 건강 음료 사업으로 진출해 전체 음료 시장에서 코카콜라를 확실하게 제쳤다. 펩시콜라를 이끌었던 前 CEO 로저 엔리코Roger A. Enrico는 의사결정에 대해 이런 명언을 남겼다.

"리더가 어떤 결정을 내려야 할 때 가장 좋은 것은 올바른 결정이고, 다음으로 좋은 것은 잘못된 결정이며, 가장 나쁜 결정은 아무 결정도 내리지 않는 것이다."

이것이 의사결정의 본질이다. 결정을 내리지 못하고 시간을 끄는 행동은 누구에게도 도움이 되지 않는다. 그렇다면 능력을 인정받아 어렵게 선임된 팀장이 왜 의사결정 과정에서 어이없는 실수를 할까? 무엇을 주의해야 할까?

첫 번째는 사私가 낀 의사결정이다. 자신의 욕심과 욕망이 결정에 작용하면 사리 분별이 어려워지고 우선순위가 뒤엉키는 실수로 이어진다.

두 번째는 이전 경험과 판단을 과신하는 것이다. 이전 경험을 과신하면 변화하는 상황과 환경을 파악하지 못하고, 과거와 현재의 차이점을 제대로 헤아리지 못하게 된다.

마지막은 감정이다. 감정에 휩싸이게 되면 반대 의견을 제대로 파악하지 못하고 성급하게 결정하게 되는 실수를 범한다.

팀장의 의사결정은 팀장만 하는 게 아니다. 사전에 직원의 의견, 이해관계자의 입장, 상사의 관점을 종합적으로 판단해야 한다. 고민하고 객관화하고 조언을 듣는 과정이 필요하다.

▌▌ 의사결정을 잘 하기 위한 처방전

중요한 업무를 관리할 때는 잘못됐을 때의 파장을 고려하여 안전장치나 잠금장치를 이중, 삼중으로 만든다. 비슷한 맥락으로 팀장도 의사결정을 잘하여 실패와 실수를 최소화하기 위해 몇 가지 안전장치를 마련해야 한다.

악마의 대변인

팀은 가장 실무적이고 손에 잡히는 일을 하는 조직이기 때문에 고객이나 이해관계자와 직접 접촉을 하는 최전선에 있다. 초기에 판단이나 결정이 잘못되면 한두 단계 위에 있는 상위 조직에서 바로잡기가 쉽지 않다. 이런 사후약방문死後藥方文 같은 실수를 줄이기 위해 구성원과 수평적 소통 기반의 토론이나 챌린지(지적)하는 과정이 필요하다. 계급장을 떼고 토론하는 과정을 거치게 만드는 것이다. 최상의 의사결정을 위한 토론에 직급이나 계급장은 의미 없다. 좋은 의사결정으로 조직의 성과를 높이고, 직원들의 자존감을 높이며, 팀장 자신을 돋보이게 하고 싶다면 난상토론爛商討論도 자신이나 팀을 향한 지적도 두려워하지 말아야 한다.

팀장과 직원들 사이에 나이나 직급 차이가 커서 난상토론이나 챌린지가 불편하다면 '악마의 변호인Devil's advocate'도 좋은 대안이 될 수 있다.

악마의 변호인은 원래 로마 교황청에서 교황을 최종적으로 선발할 때 쓰는 방법이다. 현대식으로 응용하면 어떤 사안에 의도적으로 반대 의견을 말하는 사람을 지명해놓는 것이다. 반대 의견을 말하는 사람(악마의 변호인) 역할은 일부러 반대 의견을 내놓는다. 근본적인 질문으로 토론을 활성화시키거나 다른 선택의 여지가 있는지 발견하기 위해서다.

구성원과 특정 주제로 깊은 대화를 나눌 때는 경험과 스킬 부족을 무시하면 안 된다. 부족한 경험이 오히려 범할 수 있는 실수를 다른 시각으로 잡아주는 귀인이 되기도 한다. 특히 반대 의견이 거셀수록 원점에서 검토하는 신중함이 필요하다. 반대 의견이 강하다는 것은 팀장의 결정에 허점이 있을 수 있다는 의미도 된다. 직원은 팀장과 갈등을 피하기 때문에 어지간해서는 문제를 제기하거나 불평하지 않는다. 그러니 어렵고 이해관계가 복잡한 결정일수록 내부 직원을 최대한 활용하는 것이 좋다.

시간 지체는 죄악

카이스트 교수이자 뇌과학 전문가인 정재승 교수는 이렇게 말했다. "의사결정을 잘하는 리더는 완벽한 판단력을 가진 사람이 아니다. 결정을 빠르게 하고 틀렸을 경우 쉽게 수정하는 사람이다. 그러니 의사결정의 순간 좋은 결정이라는 생각이 절반 이상만 들어도 때를 놓치지 말고 실행에 옮기라"라고 조언한다.

변화무쌍한 시대에 의사결정을 고민하는 팀장에게 어울리는 충고다. 시간을 더 써도 해답이 나오지 않는 불확실한 상황에서는 책임감 있게 결정하고, 잘못된 결정으로 판명이 났을 때는 상황 변화에 따라 빠르게 인정하고 수정하는 열린 마음과 적극적인 태도가 필수다.

MZ세대가 열광하는
팀장의 모습은?

"오늘 이틀째 교육은 리더십 역량 향상에 집중된 강의 중심이었습니다. 교육 시간의 70%를 상사로서 팀장이 역할과 책임, 리더십 역량에 대해 할애한 셈입니다. 그럼 이번에는 다시 임 작가님을 모시고 MZ세대가 열광하는 팀장의 리더십을 주제로 강의를 듣겠습니다."

▌ MZ세대의 특징은 무엇인가?

임 작가는 간단한 질문으로 강의를 시작했다.

"팀장님들은 세대가 어떻게 되세요?"

배 팀장은 임 작가의 질문에 잠시 고민했다. 스스로를 어떤 세대라고 한번도 생각해본 적이 없기 때문이다. 요즘 MZ세대라는 말이 유행하고 있지만 MZ세대가 무슨 뜻인지 정확히 이해하지 못했다. 하지만 뭔지 몰라도 자신이 포함되는 것 같지는 않았다. 1980년생인 배 팀장은 이미 한국 나이로는 마흔을 넘긴 나이다.

임 작가가 말을 이었다.

"참고로 저는 1982년생입니다. 그 유명한 82년생 김지영 씨와 동갑이죠. 저는 어떤 세대일까요?"

임 작가는 대답 대신 회사 생활 중에 겪었던 한 일화를 설명했다.

"제가 처음 새로운 세대에 대해서 생각하게 된 것은 어느 사건 때문이었습니다. 약 10년 전에 신입사원 입문 교육을 담당하던 때입니다. 신입사원 한 명이 저에게 '임홍택 님, X세대 아니세요?'라는 질문을 한 적이 있었습니다. 그 질문을 듣고 기분이 굉장히 좋았던 기억이 납니다. 왜냐하면 저는 그때까지 X세대가 신세대라고 생각하고 있었거든요. 그때 신입사원들의 표정이 어땠을까요?"

배 팀장은 임 작가의 사례가 왠지 자신의 일인 것 같아서 몰입이 되는 것을 느꼈다. 자신도 비슷하게 느끼지 않았을까?

"예상대로입니다. 신입사원들이 킥킥 몰래 웃고 있더군요. 저에게 X세대냐고 물었던 것은 완전히 '아저씨, 노땅 아니야?'라고 놀리는 것이었기 때문입니다.

이제 복고 인간을 뜻하게 된 X세대는 대체 몇 년생부터 몇 년생을 말하는 것인지 궁금해졌습니다. 제가 약간 오덕(오타쿠 또는 어덕후의 줄임말)의 성격이 있어서 이런 것을 잘 파거든요. 그래서 정답을 알려드리기 전에 팀장님들에게 질문 하나만 드리겠습니다. 팀장님들 중에 본인 스스로 X세대라고 생각하시는 분이 계신가요?"

배 팀장은 손을 들고 싶었지만 머뭇거리고 있었다. 이 마음을 아는지 임 작가는 말을 이어갔다.

"제가 앞서 한 말 때문에 아무도 손을 드시지 않나봐요. 그렇다면 사실을 기준으로 말씀드리겠습니다. 답은 1965년생부터 1980년생입니다. 여러 가지 기준이 있지만 미국의 Pew 리서치센터 기준으로 말씀드린 것인데, 이 기준에 들어가시는 분이 계신가요?"

배 팀장은 그제야 손을 올렸다. 나머지 팀장도 함께 손을 들었다. 나이를 묻지는 않았지만 아마도 자신이 가장 어리겠다는 생각을 하면서….

"좋습니다. 그런데 제가 X세대 기준을 찾은 이유가 뭐라고 했죠? 1982년생인 제가 X세대가 맞는지가 궁금했기 때문이라고 말

팀장, 바로 당신의 조건

쏨드렸죠? 그럼 저는 무슨 세대일까요?

산술적으로는 제가 그다음 세대인 밀레니얼 세대라고 하더 군요. 요즘 유행하는 MZ세대는 밀레니얼 세대와 Z세대를 합친 말입니다. 사실 밀레니얼 세대와 Z세대는 명확히 구분되는 세대 이기 때문에 이를 함께 붙여서 'MZ세대'라고 부르는 나라는 전 세 계에서 우리나라뿐입니다. 하지만 이유야 어찌됐든 마흔이 넘은 저도 이 MZ세대의 범주에 들어가는 것으로 나오더군요. 그런데 저는 조금 이상하다고 생각했습니다. 저는 제가 그렇게 어리지 않 은 것 같거든요. 그래서 『90년생이 온다』라는 책을 집필하게 됐습 니다. 핵심은 제가 이미 그렇게 젊지 않다는 기준으로 만든 책이라 는 말씀이죠.

오늘은 소위 말하는 'MZ세대의 특성'에 따른 리더십에 대해 말하고자 합니다. 제가 문헌 조사에서 확인한 MZ세대의 특징은 이렇습니다."

임 작가가 띄운 화면에는 다음과 같은 내용이 적혀있었다.

- 개인주의적이다

- 자유분방하다

- 전문적이다

- 겁대가리가 없다

- 현재 지향적이다

- 테크놀로지에 익숙하다

배 팀장은 뭔가 뻔한 문장들이지만 지금 말하는 젊은 세대의 특징과 크게 다른 점은 없다고 생각했다. 하지만 그다음으로 이어진 임 작가의 말에 조금 당황했다.

"한 가지만 정정하겠습니다. 사실 이것은 MZ세대의 특징이 아니라 X세대가 젊었을 때 올라왔던 X세대의 특징입니다.

말씀드리고 싶은 것은 정말 제대로 새로운 세대의 리더십을 바란다면 시중에 떠도는 MZ세대 구분 자체를 지워버리는 것입니다. 세대의 특징이 아닌 개인의 특징에 집중하는 것이 진정한 리더십을 발휘하는 데 더 필요합니다."

배 팀장은 얼마 전 예능 프로그램에서 MZ세대의 핵으로 떠오른 한 가수가 "우리는 우리가 MZ세대라고 불리는 것도 이해하지 못한다. 우리를 MZ세대라고 부르는 것은 그저 알파벳 순서대로 명명하고 싶은 어른들의 욕심이다"라고 말한 장면이 기억났다. 명칭이야 그렇다 해도 실제로 이들과 소통하고 동기부여를 하는 방법에는 대체 어떤 것들이 있을까?

∥ 그들을 어떻게 동기부여시킬 것인가?

임 작가는 자신의 이야기로 다음 이야기를 이어갔다.

"많은 분들이 회사의 젊은 사원들과 소통하고 업무적으로 동기부여하는 것을 고민합니다. 이와 관련해서 저의 개인적인 이야기를 하나 해드릴까 합니다. 마침 양 코치님과 함께 하는 자리여서 여기서만 이야기하겠습니다."

배 팀장은 양 코치와 임 작가가 어떤 특별한 관계인가를 생각해봤다. '예전에 팀장과 팀원의 관계였나?' 등의 생각이 스쳐갔다.

"양 코치님이 먼저 말씀을 해주셨듯이 양 코치님과 저는 같은 회사 출신입니다. 하지만 오랫동안 함께 일해온 사이는 아닙니다. 설명을 드리기 위해서 처음 만났을 상황을 말씀드리죠.

원래 저는 신입사원 입문 교육을 담당하는 담당HRD자는 아니었습니다. 식품 계열사에서 영업과 스탭을 맡았던 3년 차 사원이었는데, 우연한 기회에 신입사원 입문 교육을 하는 TF 형식의 임시 업무를 담당하게 된 것이죠. 그 양성 교육을 받으면서 처음 양 코치님을 뵀습니다. 그때 양병채 님이 입문 교육을 총괄하는 팀장이셨거든요. 양 코치님의 강의를 듣고 '아 교육은 이렇게 해야 하는구나'를 느끼게 해준 정도의 사이였습니다. 직접적인 팀장과 팀원의 사이는 아니였죠.

그 당시만 해도 저는 강의를 잘하거나 남 앞에 서는 것에 익숙한 사람이 아니었습니다. 그러던 어느 날 시범 강의자를 뽑는 공고가 있어서 거기에 자원했습니다. 하고 싶어서가 아니라 나중에 신입사원 앞에서 망신을 당하기 싫어서 스스로의 무대를 먼저 만들었을 뿐이죠. 그때 완전 엉망진창으로 강의를 진행했는데, 우연히 양 코치님이 저의 모습을 보고 나중에 자신의 팀으로 오면 어떻겠냐는 일종의 JOB OFFER를 주셨습니다.

하지만 안타깝게 제가 팀을 옮겼을 때 양 코치님은 또 다른 요직 부서로 옮기셨습니다. 따라서 실제로 양 코치님 밑에서 한 정식 업무는 하루도 없었답니다. 그런데도 저는 양 코치님을 평생의 멘토이자 은인으로 모시게 됐죠.

왜일까요? 그것은 바로 누군가에게 인정을 받았다는 흔치 않은 경험 때문입니다. 그 짧은 시간에 저의 가능성 하나만을 보고 제안을 해주셨다는 점, 그리고 실제로는 함께 일을 하지 않았지만 제가 지도 선배(사원 입문 교육 때 신입사원의 적응을 돕기 위해 모범적인 사원들을 차출해 사전 교육을 통해 양성된 그룹) 역할로 파견 가서 당시 제 눈으로 양 코치님의 업무하는 모습을 보았습니다. 주위의 신망을 받고 실제 말과 행동이 일치하는 모습에서 '나도 저렇게 성장하고 싶다'는 생각을 처음으로 하게 된 것입니다."

임 작가는 말을 이어갔다.

"여러분의 주위에도 이렇게 따르고 싶은 분이 있거나 신뢰가 가는 팀원이 있나요?"

임 작가의 말을 들으며 배 팀장은 자신이 누군가에게 저런 감격을 주는 사람으로 보인 적이 있는지 되돌아봤다. 그렇게 누군가를 믿고 신뢰를 보낸 적도 받아본 적도 없는 느낌이었다. 그가 초년 차부터 좋은 선배들을 많이 봐왔지만 딱히 그와 같은 선배로 성장하고 싶거나 멘토로 삼고 이것저것을 물어보고 싶은 팀장도 그닥 있지 않았던 것 같았다. 지금이야 자신도 팀장 역할을 더 잘해보고자 자원해서 이 자리에 왔지만 새파랗던 시절에 이것저것 많이 부족했던 것이 생각났다.

임 작가가 말을 이었다.

"얼마 전에 우리나라를 대표하는 기업 중 한 곳에서 임원을 대상으로 강의를 했습니다. 제 강의에 앞서 회사 내부 직원의 인터뷰를 청강하게 됐는데, 한 여성 사원이 자신이 가장 신나게 일한 경험을 이야기하더군요. 기억에 남아서 말씀드릴까 합니다.

그 여성 사원은 이 회사에서 여러 명의 리더들을 모시면서 이런 피드백을 많이 들었다고 합니다. '그건 내가 해봐서 아는데 말야', '네가 뭘 알아? 시키는 대로나 잘해'와 같은 것들이었습니다.

그러다 한번은 외국인 임원을 모시게 됐답니다. 당시 큰 프로젝트가 한 건 떨어졌는데, 자신에게 '○○○ 님이라면 이걸 어떻게 이끌고 나갈지 한번 진행해보세요'라고 했다는 겁니다. 시늉이나 일을 떠넘기는 것이 아니라 실제로 자신의 일이라고 생각하고 진행을 해보라는 것이었죠. 그런데 분명 완벽할 수 없는 그녀의 프로젝트 계획서를 보고는 무조건 질책을 하거나 격려를 하는 것이 아니라, 부족한 부분에 대한 조언을 해주고 실제 프로젝트에 적용했으면 하는 부분을 실전 적용을 시켜줬다는 거예요. 그녀는 이 조직에서 처음 인정받은 경험으로 생각한다고 말했습니다."

배 팀장은 이 두 가지 사례의 공통점이 인정이라는 것을 간파했다.

"조직 내 누군가를 동기부여시키는 일이 생각보다 쉽지 않다는 점을 생각해주셨으면 합니다. 실제로 많은 조직의 팀장이 동기부여를 시키기보다 오히려 갖고 있던 동기마저 사라지게 하는 일이 비일비재합니다. 이제 인정과 자율성이라는 키워드를 균형 있게 바라보면 좋겠습니다."

▍ 문지방 위에 선 그들을 이끄는 키워드

임 작가는 PT 화면으로 한 장의 사진을 띄웠다. 방과 방 사이가 이어진 문지방 위로 누군가 발을 올리고 있는 사진이었다.

팀장, 바로 당신의 조건

"여러분이 보시다시피 누군가 문지방 위에 서 있습니다. 이 사진을 보시고 어떤 생각이 드시나요?"

"문지방에 서 있으니 복이 달아날 것 같군요"

옆에 듣고 있던 김 팀장의 한마디에 모두가 웃었다.

임 작가도 웃으면서 답변을 이어갔다.

"네. '문지방을 밟으면 복이 달아난다'라는 옛말이 있죠. 하지만 제가 말씀드리려는 것은 바로 현대 사회 직장인들의 현실입니다.

실제로 우리는 회사라는 방과 회사 밖이라는 방 사이 중간에 서 있는 것이 현실입니다. 종신 고용은 한 세기 이전, IMF 이전의 옛말이 됐습니다. 이제는 일시적인 구조조정을 넘어 언제든 조직을 떠날 수 있는 상황에 처해있습니다.

문제는 지금 시대, 처음 조직 생활을 시작하는 세대의 경우 절대로 두 발 모두를 회사 쪽으로 옮겨놓지 않는다는 것이죠. 한 발을 회사 쪽에 걸치고 있어도 나머지 한 발은 다른 쪽에 있거나 문지방 위에서 서성거리고 있습니다. 이런 상황에서 팀장을 맡고 있는 여러분의 역할이 힘들 수밖에 없습니다. 하지만 힘들다고 해서 해야 할 역할이 사라지지는 않습니다. "

배 팀장은 쓸쓸한 마음을 지울 수 없었다. '자신이 입사했던 15년 전에도 팀장님들이 이렇게 힘들었을까?'라는 생각을 자주 했기 때문이다. 실제로 팀원이었던 당시 생각으로는 팀장은 힘들기보다 마냥 편해보였다. 그에 반해 자신은 왜 이리 힘든 시간을 보내고 있는지 알 수 없었다.

"앞선 강의에서 저는 지금의 젊은 세대들이 부당함을 느끼지 않게 하는 것이 굉장히 중요한 포인트라고 말씀드린 적이 있습니다. 매니지먼트 파트 강의 때 가장 중요한 부분은 바로 규정을 그대로 지키고 지금 시대에 맞춰 규정을 변화시키는 부분이라고 말씀을 드렸는데요. 리더십 영역에서는 이와는 좀 다른 부분으로 움직여야 한다는 당부를 드립니다. 한 단어만 생각해주시면 됩니다. 그것이 무엇일까요?"

배 팀장은 궁금해졌다. 임 작가와 양 코치의 말대로 규정을 지키고 이를 시대에 맞추는 것 외에 다른 것이 있어 보였지만 그것이 무엇인지 하나로 딱 짚기는 어려웠다.

"제가 답을 말씀드리기 전에 작은 사례 연구를 해보고자 합니다."

1. 대기업의 신입사원 200명이 서울에서 연수 중이다.

2. 광화문 신사옥에 100명만 수용이 가능하므로 나머지 100명은 기존의 구로 구사옥에서 연수해야 한다.

3. 어떤 기준으로 사람을 나눌 것인가?

"이건 제가 강연을 진행했던 어느 대기업에서 실제로 일어났던 사례입니다. 입문 교육이 끝나고 사측 연수를 진행하려는 찰나였습니다. 물리적으로 200명을 수용할 수 없어서 부득이하게 100명은 구사옥에서 근무를 할 수밖에 없었습니다. 이 회사는 어떤 기준으로 사람을 나눴을까요?"

배 팀장이 호기롭게 대답했다.

"제비뽑기를 해야죠! 공정하잖아요."

배 팀장의 빠른 답변에 모든 팀장이 공감했다.

"좋습니다. 제비뽑기도 나쁘지 않죠. 그렇다면 이 회사의 선택을 전해드리겠습니다.

회사에서 신입사원 200명을 분석해보니, 절반은 앞으로 서울 본사 신사옥에서 근무할 예정이었고 나머지 절반은 지방 지사에서 근무할 예정이었어요. 그래서 회사는 '자네들은 나중에 서울지사에서 근무하게 될 테니 2주 동안만 구사옥에서 연수를 받으라'고 했습니다. 어떻게 됐을까요?"

"싫다고 했겠죠."

김 팀장이 웃으면서 말했다.

"그렇죠. 그런데 그냥 싫다고 하면 좋은데 블라인드에 글을 올리고 CEO에게 메일까지 썼다고 합니다. '이게 우리 회사에서 말하는 공정입니까?'라고 말이죠.

핵심은 이런 반발이 아니라 어떻게 이런 이슈를 해결했느냐는 것입니다. 이 회사의 해결 방식은 입사 연수원 때 받은 개인의 평가 점수가 연수 장소를 정하는 기준으로 적용된 것입니다. 1등에서 200등까지 순서를 매기고 선택권을 준 거죠. 어떤가요?"

모든 팀장이 그것은 너무 비인간적이라는 비슷한 대답을 했다.

"언뜻 비인간적인 것처럼 보이지만 이런 해결 방식 안에는 한 가지 키워드가 숨어있다는 것이 중요합니다. 실제로 이런 해결을 진행한 다음에 이슈가 발생하지 않았다는 거죠. 그것이 뭘까요? 바로 능력주의입니다."

독서가 취미인 배 팀장은 마이클 샌델Michael Sandel이 떠올랐다. 『공정하다는 착각』이라는 책에서 능력주의의 허상에 대해서 읽었던 터였다. 겉으로 보면 능력주의는 공정해 보이지만 실제로는 출신과 환경에 영향을 받으며, 능력주의 사회에서 승자는 최악의 오만까지 얻게 된다는 것이었다.

임 작가의 추가 설명이 이어졌다.

"여러분이 아시다시피, 이 능력주의(실력주의라고도 부르는)는 궁극적으로 말해 문제점이 많은 단어입니다. 능력주의를 사전에서 찾아보면 이렇게 설명하고 있습니다. '[명사] 학력이나 학벌, 연고 따위와 관계없이 본인의 능력만을 기준으로 평가하려는 태도'라고 말입니다.

어떻게 생각하세요? 사전적인 의미로만 보면 적폐 없이 궁극적인 문제가 없는 단어로 생각됩니다."

배 팀장은 중고생 자식을 가진 선배 세대와의 이야기가 떠올랐다. 예전과 다르게 지금의 중고생은 수능 한 가지로 대학을 가는 것이 아니기 때문에 상시적인 경쟁에 내몰려있다고 말이다. 그래서 이 공정이라는 가치에 민감할 수밖에 없다고 했다.

"무조건 실력과 능력이면 다 된다는 말은 아닙니다만, 팀장의 리더십에서 중요한 포인트가 있습니다. 좀 더 쉽게 이해할 수 있도록 하나의 비교 예시를 드리겠습니다.

두 명의 팀장이 있습니다. 한 명은 일에서는 그리 완벽하지 않지만 사람 됨됨이가 좋은 팀장입니다. 예전에 덕장이라고 불렀죠. 나머지 한 명은 성과가 좋고 일도 잘해서 곧 임원이 될 것 같습니다. 그런데 이 사람과 일을 하다 보면 너무 큰 추진력 또는 열정으로 아랫사람의 몸과 정신이 힘들 때가 있습니다. 보통 용장이나 맹장이죠.

만약 여러분이 앞으로 하나의 스텐스를 유지해야 한다면 어떤 팀장이 돼야 할까요?"

잠시 고민하던 배 팀장은 두 번째 팀장이 돼야 한다고 생각했다. 일을 잘하는 팀장이 돼야 하고 또 능력주의와 맞았기 때문이다.

"네, 그렇습니다. 여러분이 앞으로 두 가지 길 중에 하나를 선택해야 한다면(물론 둘 다 가지면 좋습니다만) 반드시 일에 중심을 둬야 합니다. 실제로 모든 세대와 소통을 하는 것이 힘든 것은 마찬가지입니다. 하지만 젊은 세대들도 반드시 직접 소통을 하는 사람이 있다고 하더군요. '저 사람 아니면 이 일은 똑바로 진행할 수 없어'라고 여길 만할 정도의 능력 있는 팀장이나 선배의 경우라면 말입니다.

하지만 주의할 점도 있습니다. 아무리 일을 잘해도 지금 시대에 맞지 않게 아랫사람에게 폭언을 하거나 성차별적 언어, 기준에 맞지 않는 밀어붙임 같은 일정의 선을 넘는 팀장은 살아남기 힘들다는 것입니다."

팀장, 바로 당신의 조건

4장

누군가에게는 부하직원이자 동료,

다양한 포지션인 당신이라서

상사를 잘 모신다는 것

"여러분은 팀장으로서 리더이자 관리자지만 여전히 누군가의 부하이자 팔로워입니다. 오너 최고 경영자가 아니면 모든 직장인은 최소한 한 명 이상의 상사를 모시고 있는 팔로워입니다."

조직에서 부하 직원인 팔로워Follower와 행동 양식인 팔로우십 Followership은 어떻게 정의하면 좋을까? 팔로워는 상사를 도와 목표를 함께 달성해내는 사람으로 일반화시킬 수 있다. 팔로우십은 상사에 대한 부하 직원의 적절한 대응과 행동으로 정의할 수 있다. 상사가 어떤 지시나 요청을 했을 때 무조건적으로 따르고 수용하는 것이 아니라 팔로워의 주체적이고 합리적인 판단에 따라 적절하게 대응하고 따르는 게 진짜 팔로우십이다.

팔로우십이 제대로 작동하지 않는 조직은 마치 브레이크가

고장 난 자동차와 같다. 조직이 아무리 좋은 전략이 있고 경영 환경이 좋아도 실행할 리더의 리더십에 심각한 결함이 있다면 제대로 실행될 리 없다. 더 큰 문제는 그 조직의 성장이나 성공을 기대하기 어렵다.

┃ 팔로우십이 발휘되지 않은 충격과 공포의 사례

제2차 세계대전 중 나치 독일의 잔혹하고 무차별적인 유태인 학살은 인간 본성에 대한 심각한 회의를 남기며 충격과 공포를 낳았다. 세계의 지성을 이끌던 한 축이자 최고의 문명 국가였던 독일이 이런 일을 저질렀다는 것은 인류 역사의 아이러니가 아닐 수 없다.

18~19세기 세계 철학을 이끌고 합리적인 교육을 받은 독일의 수많은 팔로워는 유태인 학살에 어떻게 대응했는가? 만약 그때 제대로 된 팔로우십을 가진 관련자들이 학살이라는 반인륜적 조치에 합리적인 이유를 들어 끝까지 반대하거나 따르지 않았다면, 단순히 반대에서 끝나는 것이 아니라 다른 대안을 제시했다면 최소한 학살을 막을 수 있지 않았을까?

IMF 외한위기 이전에 만약 대우그룹 팔로워들(경영진)이 오너 최고 경영자에게 제대로 된 팔로우십을 발휘했다면 재계 수위를 다투던 대우그룹이 역사의 뒤안길로 그렇게 허망하게 사라졌을까? 당시 대우는 세계 경영을 캐치프레이즈Catchphrase로 내세우며 선도적으로 세계화를 외치던 대기업이다. 그중에서도 가장 빠르고 체계적으로 세계화를 실천한 그룹이었다. 해외의 핵심 지역에 공장과 판매법인을 설립하고 국내 인재들에게 글로벌 경험과 역량을 향상해 글로벌 인재로 탈바꿈시키고 있었다. 삼성과 현대에 버금가거나 특정 사업에서는 두 그룹을 능가하며 부러움과 찬사를 받았던 국내 최고 그룹이었다.

대우그룹은 당시 단군 이래 최대 규모의 분식회계를 저질러 외환 위기 사태를 확산시키는 불쏘시개 역할을 했다. 대우그룹 핵심 관계자들이 그룹 최고 경영자의 그릇된 의사결정에 팔로우십이라는 적절한 브레이크를 밟았다면 어땠을까 하는 아쉬움이 남는다.

이런 사례를 팀장 레벨로 내려보자. 팀장이 모시고 있는 상사의 그릇된 판단이나 결정에 얼마나 '아니오', '안 됩니다'라고 이야기하는가? 역린을 건드린다는 걱정에 입도 뻥끗하지 못하고 있는가?

▌ 진정한 팔로워, 진정한 팔로우십

팔로워는 예스맨 부하가 아니다. 몇 년 전 세계 최고의 자동차 제조사로 우뚝 선 도요타의 리콜 사태를 기억할 것이다. 도요타 자동차는 한때 세계 거의 모든 제조업체의 벤치마킹 대상으로 최고의 효율과 품질을 자랑하던 회사였다. 리콜 사태 이후 일본의 시사평론가인 사타카 마코토Makoto Sataka는 2011년 동경신문 사설에서 "도요타는 '에도 시대의 번' 같은 습성이 있으며, '도요타 번'에서는 예스맨들이 주위를 둘러싸고 있어서 비판적인 의견이 나오지 않기 때문에 현실을 직시하지 못한다"라고 비판했다. 결국은 최고 경영자를 제대로 보필하는 팔로워 임원, 그 임원을 제대로 지원하는 팔로워 팀장이 없었다는 이야기다.

실패한 기업은 최고 경영자의 잘못된 의사결정이 변곡점이 돼 몰락을 길로 들어서는 경우가 대부분이다. 한두 번의 잘못된 최고 결정권자의 의사결정만으로 잘 나가던 기업이 하루아침에 망할 수 있을까? 최고 경영자가 그런 잘못된 의사결정을 할 때 팔로워인 고위 임원이나 핵심 스탭 부서장들은 무슨 일을 했을까? 결국 실패한 기업이라는 꼬리표는 최고 경영자 혼자만 짊어질 문제는 아니다.

조직의 성공 프로젝트는 서로 자신이 결정적인 역할을 했다고 말하는 사람이 넘쳐나지만, 실패한 프로젝트에는 자신이 했노라고 말하는 사람이 아무도 없다. 실패한 기업이나 조직은 그 과정에서 수많은 의사결정 이슈와 실패의 시그널이 있었으며, 핵심 팔로워들은 상황을 알고 있었다. 조직을 실패로 빠뜨리는 리더를 지켜만 보는 수동적 추종과 그 행위를 적극적으로 돕는 적극적 추종을 하는 팔로워들이 조직에 넘쳐난다. 직언과 쓴소리를 하는 팔로워는 소수로 전락하고 결국은 주요 의사결정 과정에서 이들이 배제된다.

한때 직장인이 쓰던 속어 중에 SSKK가 있다. 상사가 '시키면 시키는 대로, 까라면 까라는 대로'라는 의미다. SSKK가 조직에서 요구하는 진정한 팔로우십일까?

팔로우십은 단순히 상사의 지시를 잘 따르는 것이 아니다. 진정성을 바탕으로 문제를 바로 보고 말하며 해결의 대안도 함께 고민하고 제시하는 것이다. 조직의 팔로우십 수준은 평소 잘 보이지 않지만 조직이 어려움에 처했을 때 그 실체는 확연히 파악된다.

▌ 팔로우십 사례

존경하는 선배가 운영하는 온라인 게임 개발사의 사례다. 선배는 2000년대 초반 퇴사를 하고 저축과 퇴직금 그리고 일부 투자를 받아 게임회사를 설립했다. 금융업에 종사하던 선배는 게임 개발에 전문성과 경험은 없었지만 20년간 영업으로 다져진 인적 네트워크와 트렌드를 읽고 돈 냄새를 맡는 감각이 뛰어났다. 수완이 워낙 좋아 당시 우수한 게임 개발자들을 영입해서 우여곡절 끝에 어린이용 학습 게임을 개발했다.

당시 게임 산업은 지금 같은 경쟁이 적었다. 특히 주변에서는 학습 게임이 게임 산업의 블루오션Blue ocean이라고 평가했다. 학부모를 충성고객으로 끌어들일 수 있는 희귀한 아이템이라고 한껏 부추기는 사람도 많았다.

하지만 결과는 참혹했다. 그도 그럴 것이 학습 게임을 아무리 잘 만들어도 게임만큼 재미있을 수 없다. 학습적인 부분을 사이사이에 넣다 보면 억지스러운 설정이나 세계관이 포함되지 않을 수 없다. 그렇다고 학습 게임을 공부 잘하는 아이들 수준으로 만들 수도 없었다. 공부를 잘하는 아이들은 굳이 게임을 통해서 학습하지 않는다. 그렇다 보니 그 어느 쪽에 확실한 만족을 주지 못하는 애매한 포지셔닝의 게임이 만들어졌다. 게임 자체의 퀄리티는 좋았으나 경영은 갈수록 어려워졌다.

하지만 선배에게는 진정한 팔로우십을 가진 팔로워들이 있었다. 그들은 계속해서 끝까지 승부를 걸어보려는 선배 CEO에게 지속적인 설득과 대안을 제시했다. 지금 포기해야 투자금을 회수할 수 있고 안정적인 보드게임을 만들 수 있다고 말이다. 그 성공을 바탕으로 다른 게임으로 전선을 넓혀가야 한다는 대안도 제시했다.

결국 선배는 그들의 말을 따랐고 생존의 위기를 무사히 넘겼다. 다행히 지금은 모바일 게임까지 확장해 중형 게임 기업으로 자리매김했다. 2000년대 중반 이후 우리나라 게임 시장의 폭발적인 성장으로 당시 게임 개발자는 품귀 현상을 빚을 정도로 귀했다. 어디서 괜찮은 게임을 만든다 하면 개발자들이 통째로 옮겨 다니던 시절이었다. 그런 상황에서 당시 선배 회사의 개발자들은 더 쉽고 편안한 길 대신 간이침대에서 쪽잠을 자며 라면으로 식사를 해결하는 고달픈 길을 마다하지 않았다. 진정한 팔로우십이 존재했기 때문에 가능한 일이었다.

이와 반대로 조직이 어려움에 처했을 때 그 어떤 대안이나 솔루션도 내놓지 않고 조언이나 충언도 하지 않은 채 조직을 나가버리는 팔로워들도 수없이 많다. 일 좀 하고 스펙도 좋아 핵심 인재로 분류되는 팔로워일수록 미래가 불확실해지거나 리더십에 문제가 생기면 성장의 기회나 비전이 없다는 구실로 미련 없이 조직을 박차고 나온다. 이렇듯 좋은 팔로우십은 조직의 생존과 성장을 좌우하기도 하고, 다른 한편으로는 조직의 생존에 결정적인 변수가 되기도 한다.

▌ 팔로우십의 유형

　조직 생활에서 단지 리더 역할만 하는 시기는 얼마나 될까? 오너가 직접 경영에 참여하는 경우 월급쟁이는 절대로 리더 역할만 할 수 없다. 직책과 직급이 무엇이든 전문 경영인 사장이나 회장 위에는 언제나 무소불위無所不爲의 권한과 망하지 않으면 죽을 때까지 자리를 보전할 수 있는 오너가 있기 때문이다.

　설령 오너가 경영에 참여하지 않거나 공기업이라도 자신이 조직의 최정점에 있어야 리더십만으로 조직을 운영할 수 있다. 그 기간도 길어야 몇 년이다. 기업의 오너 경영자와 전문 경영인 중 극히 일부를 제외한 나머지 모든 임직원은 단지 팔로워인 그룹과 팔로워이자 리더인 두 그룹으로 나뉜다.

　팔로우십에 눈을 돌려야 하는 이유는 조직 생활의 거의 대부분을 팔로워이거나 팔로워이자 리더인 소위 이중인격자로 보내야 하기 때문이다. 결국 리더십뿐만 아니라 팔로워로서 역할과 책임을 명확하게 알고 실천하는 것이 중요할 수밖에 없다.

▌ 팔로우십의 종류

직급과 역할에 따라 팔로우십은 다르게 발현된다. 이 책은 철저하게 팀장의 팔로우십에 초점을 맞췄다. 팀장은 팀 조직의 실질적인 리더이며 위로는 최소한 몇 단계 이상의 조직과 리더를 모시고 있는 팔로워다. 팔로우십 연구의 세계적 권위자인 로버트 켈리 Robert Kelly는 팔로워를 다섯 가지 유형으로 구분했다.

팔로우십 모델의 세로축은 팔로워인 팀장이 상사에게 얼마나 독립적인지 의존적인지와 비판적인가 비판적이지 않은가로 구분한다. 가로축은 팔로워 팀장이 상사에게 수동적 또는 적극적인가로 구분해 총 4개의 영역이 만들어진다. 여기에 중간 영역이 추가돼 모두 다섯 가지 유형의 팔로워가 만들어진다.

소외형 팔로워 팀장 유형

이 유형의 팀장은 자유롭고 비판적으로 사고한다. 소속된 상위 조직 활동에 적극 참여하지 않는다. 독립적 사고는 높지만 상위 조직의 이슈에 소극적 참여로 일관한다. 이런 팀장은 상위 조직에서 외톨이 팔로워로 전락한다. 사내 경쟁이 치열한 기업에서 이런 유형은 머지않아 해고될 가능성이 높다.

이런 유형은 팀장으로 선임도 어렵지만 선임이 됐어도 오래 버티기 어렵다. 팀장은 기본적으로 팀의 성과 목표 달성을 위해 앞장서는 게 기본이다. 또한 상위 조직 목표 달성에도 기여해야 한다. 하지만 이런 유형의 팀장은 자신만의 독립적인 시각과 판단으로 팀을 운영하기에 끝이 뻔하다. 이런 유형의 팀장은 팀장 권한만을 내세우며 독립적으로 행동하기 때문에 전체를 위한 일에 무관심하다.

상사 입장에서 그 팀장은 하부 여러 기능과 팀 중 하나일 뿐이다. 하부 기능 사이에서 시너지도 부족하다면 나홀로족으로 상사와 롱런하기 힘들다.

모범형 팔로워 팀장 유형

이런 유형의 팀장은 여러 면에서 좋은 평가를 받는다. 상사 또는 상위 조직과는 독립되고 비판적인 사고를 하면서도 팀이나 상위 조직 이슈에 적극적으로 참여한다. 이런 유형은 상사에게 인정받고 구성원에게 존경받는다. 일부 구성원에게는 '일 좀 그만 가지고 오라'는 불평을 들을 수 있다. 하지만 성과나 팀에 대한 평판이 좋아 하소연이나 소심한 반항 정도에서 그친다.

아쉬운 점은 이런 팀장이 조직에 많지 않다. 속 좁은 상사를 만나면 자신의 자리를 위협할 수 있는 사람으로 간주돼 차별이나 불이익으로 활약에 제동이 걸리기도 한다. 험난한 시기를 잘 견뎌내고 유연한 상사를 만나면 이런 팀장은 조직에서 비상하여 탄탄한 입지를 구축한다. 아울러 승진을 위한 교두보도 착실하게 마련할 수 있다.

순응형 팔로워 팀장 유형

이런 팀장은 상사로부터 지시나 통제를 받는 데 익숙하다. 자발적으로 안건을 찾아내 상위 조직에 도움이 되는 일은 거의 없다. 자신의 팀 일에만 몰입하고 맡겨진 일 이외의 것이나 외부 팀과의 협업에 둔감해 상위 조직 기여도가 높지 않다.

사정이 이렇다 보니 갈수록 인사권자인 상사에게 복종할 수밖에 없는 수세적인 처지가 된다. 전통적인 팔로워 팀장으로 팀의 성과 목표 달성에 도움이 되는 일, R&R이 명확한 일만 적극적으로 치고 나가는 유형이다. 새로운 일이라도 상사가 지시하는 일만 이행하려고 해 '머슴형'이라고 한다. 주도적으로 안건을 발굴하지 못하고 시키는 일만 하므로 성과가 나와도 온전히 그 팀과 팀장의 성과로 인정받지 못한다.

그러는 사이 구성원의 업무에 과부하가 걸리고 노력한 것에 대비 좋은 평가나 평판을 얻을 수 없어서 팀원들의 불만이 높아진다. 숙련도가 낮아도 괜찮은 조직의 팀장으로는 문제가 없으나 난이도 높고 복잡한 일을 수행하는 팀장으로는 적합하지 않다. 특히 새롭게 시작하는 일이나 R&R이 명확하지 않은 업무와 기능을 팀장에게 맡겨서는 곤란하다.

수동형 팔로워 팀장 유형

이 팀장은 정체성도 자신감도 없다. 자신이 주도적으로 할 수 있는 것도 상사의 눈치를 보며 치고 나가지 못한다. 사소한 것까지 상사에게 보고하고 결심받느라 팀원들은 업무 속도와 일하는 방식, 의사결정 프로세스에 불만을 갖는다.

팀장 자신을 대신해 상사가 모든 것을 생각하고 책임지게 하는 유형으로 점차 상사로부터 신뢰를 잃는다. 이 팀장에게는 새로운 일에 도전하거나 새로운 안건을 만들어내는 것을 기대하기 어렵다.

경영학에 X이론과 Y이론이 있다. X이론의 관점은 인간은 원래 게으르고 일하기 싫어하기 때문에 틈만 나면 쉬려고 하고 일에 몰입하지 않는다고 본다. 따라서 관리자는 구성원이 하는 일을 끊임없이 감시하고 지시하고 개입해야 한다고 본다. 반대로 Y이론의 관점은 사람은 원래 일하기를 좋아하고 책임감이 강하며 주도적이기 때문에 관리자가 불필요하게 개입할 필요가 없다고 본다. 이런 팀장 유형이 조직에 존재하므로 상사들은 아직도 X이론이 유효하다고 옹호하며 합리화한다.

실용주의형 팔로워 팀장 유형

이 팀장 유형은 중도를 포용한다. 상사의 결정에 의문을 품지만 잦은 빈도는 아니며, 상사를 비판할 때도 수위를 잘 조절한다. 전형적인 대기업이나 큰 조직의 팀장 스타일로 눈치가 빠르고 상황이 어떻게 전개되는지, 어디까지 나서야 하는지 끊임없이 생각한다.

처신도 잘하며 사내 정치도 적당히 구사하거나 이용할 줄 알아 내부에 적도 거의 없다. 외벌이 생계형 팀장이 이 유형에 속한다. 이런 유형의 팀장이 조직에 다수를 차지하면 새로운 변화나 혁신을 추진하기 어렵다. 변화하는 듯하다가 위에서 이상한 분위기가 감지되면 언제든 다시 원위치로 돌아올 가능성이 높은 눈치 백단의 팀장이다.

▌ 좋은 팔로워로서 팀장의 조건

그리스의 위대한 철학자인 아리스토텔레스는 2,400여 년 전에 "남을 따르는 법을 모르는 사람은 결코 좋은 리더가 될 수 없다"라고 일찍이 팔로워의 중요성을 일깨워줬다. 아리스토텔레스의 말에서 영감을 얻으면 '따라야 따른다' 정도가 될 것이다. 잘 따르기 위해, 즉 좋은 팔로우십을 갖춘 팀장이 되기 위해 어떤 역량과 마인드 셋이 필요한지 알아보기로 하자.

첫째, 상사의 미션과 존재 이유를 이해하고 달성하려는 확실한 노력이 필요하다.

상위 조직의 미션은 곧 자기 팀의 존재 이유라는 일체감을 가져야 한다. 상위 조직의 존재 이유를 알고 이해할 때 팀장으로서 자신이 왜 이 일을 해야 하는지가 명확해진다. 세계적인 동기부여 강사인 사이먼 사이넥Simon Sinek은 골든 서클 개념을 통해 구성원에게 영향력을 끼치는 방법을 제시했다.

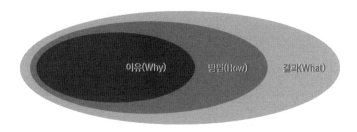

골든 서클은 세 개의 동심원으로 구성돼있다. 제일 안쪽의 원은 이유Why의 영역이고, 그다음이 방법How, 제일 바깥쪽 원은 결과What의 영역이다. 이 그림의 의미는 구성원을 움직여 긍정적이고 강한 영향력을 행사하려면 동심원의 맨 안쪽에 있는 이유부터 명확하게 전달해야 한다는 것이다.

다음은 구성원이 필요로 할 때 무조건 방법을 알려주지 않는다. 그들이 원하거나 개입이 필요하다고 느끼는 순간에만 방법이 잘 됐을 때 결과를 알려준다.

많은 경우 이유만 명확해지면 방법은 구성원 스스로 찾아내거나 주변 동료나 네트워크를 동원해 해결한다. 팔로워로서 팀장의 역할은 상사나 상위 조직에서 새로운 미션을 부여받았을 때 그일을 해야 하는 이유를 먼저 확인하고, 그 이유가 팀의 미션과 부합하는지 살펴야 한다. 조직의 모든 일이 조직의 존재 이유와 딱맞아떨어지지 않지만 이유를 설득력 있게 전달하기 위해서 반드시 필요한 순서다.

둘째, 팀에 대한 진짜 로열티를 가져야 한다.

팀장은 개인이면서 팀 자체이기 때문에 조직 로열티에도 순서가 있다. 팀장은 우선적으로 팀과 팀의 업무가 우선이다. 그럴때 상위 조직 로열티도 생긴다. 자신의 일과 팀 로열티 없이 제대로 된 고객 서비스나 혁신 활동은 불가능하듯이 자신이 맡은 팀을진정으로 섬기고 헌신하려는 마음이 없으면 팀장으로서 팔로우십도 발휘될 수 없다.

팀장은 누구보다 높은 팀 로열티를 갖고 있어야 한다. 명함에있는 조직과 직책이 곧 그 사람으로 간주되는 것처럼 자신의 팀이곧 자신이라는 마음이 새겨있어야 상사도 팀장에 대한 신뢰가 두터워진다.

그럴 때 상위 조직에 헌신하는 마음도 생긴다. 자신의 팀을자랑스러워하지 않으면서 상사를 존경하고 상위 조직에 로열티를갖는다는 것은 어불성설語不成說이다. 자신의 팀이나 상위 조직을섬기고 헌신하는 마음 없이 회사가 잘 되기를 바란다는 것도 거짓이다. 치열한 생존 경쟁의 세계에서는 작은 것처럼 보이는 것이 결정적인 승패를 좌우하는 법이다.

셋째, 주도성이 있어야 추진력이 유지된다.

마틴 셀리그만Martin Seligman의『긍정의 심리학』에 나오는 청소부 이야기다. 그는 병원 청소부 한 명이 자신이 맡은 층의 병실마다 계절에 맞는 멋진 사진들을 걸어놓고 있는 것을 발견했다. 이상하게 생각한 그가 청소부에게 물었다.

"왜 병실에 사진을 거는 건가요? 이 병원에서는 청소부가 병실의 사진까지, 그것도 자비로 걸게 합니까?"

그러자 청소부가 말했다.

"나는 비록 이 병원을 청소하는 일을 하고 있지만 나도 의사들처럼 환자들을 치료할 수 있다고 생각해요. 내가 병실에 걸어놓은 예쁜 사진을 보면서 환자들이 빨리 회복해서 사진 속의 풍경을 직접 볼 수 있는 데 힘이 된다면 좋겠습니다."

이런 마인드가 주도성이다. 팀장 교육이나 면담 때 가장 듣기 힘든 말이 '팀장 나부랭이가 할 수 있는 게 별로 없다'는 비아냥거림이다. 정말 무책임하고 주도적이지 못한 말이다. 그렇다면 대표이사나 임원 나부랭이는 할 수 있는 일이 얼마나 많은가? 그들이라고 매출을 맘대로 늘릴 수 있거나 직원들 인센티브를 마음대로 줄 수 있고, 마음에 들지 않는 사람을 함부로 자를 수 있는가?

적어도 조직에서 팀장은 상위 조직이나 상사의 지시가 있든 없든 자신이 맡은 팀의 미션과 R&R에 따라 일을 주도적으로 계획하고 실행해야 한다. 주도성은 주인 정신과 소명 의식이 필수다. 따라서 남들이 볼 수 없는 영역까지 볼 수 있게 하는 망원경과 같다.

넷째, 맡은 일(R&R)에 대한 실력이다.

팀장이 전문성이 있어야 상사에게 자기 주장을 소신 있게 말할 수 있다. 'No'라고 말할 수 있는 용기와 'No' 이후에 대안을 제시할 수 있는 전문성이 곧 팔로워 팀장의 실력이자 역량이다.

상사가 지시하는 것에 'No'라고 말하기란 쉽지 않다. 먼저 'No'라고 말이 대항하거나 대드는 것이 아니라는 것을 스스로 인정해야 한다. 'No' 다음에 대안을 제시할 수 있으면 상사의 반응도 달라진다.

다만 'No'라고 해도 되는가를 판단할 때는 상위 조직의 미션과 목표에 맞는가의 확인이 필요하다. 아무리 까칠한 상사도 자신의 조직을 강화시키고 목표 달성에 도움이 된다면 타협할 수 있다. 임원급은 '성과를 위해서라면 영혼까지 판다'는 말이 있을 정도다. 자기 조직 성과를 높일 수 있는 대안을 함부로 거절할 상사는 없다.

반대 이유에 대해서 설득력 높은 소신 발언을 하지만 대안이 없는 경우도 많은데 이 경우 상사 입장에서는 딱 거기까지다. 자신이 보지 못한 점을 짚은 것 이상은 없다. 상사가 같이 일하고 싶은 팀장은 다른 시각에 더불어 대안을 주는 사람이다. 상사의 업무 관장 범위는 산하 팀의 숫자만큼 넓고 책임이 많다. 팔로워로서 유능한 팀장은 상사가 보기 힘든 디테일까지 볼 수 있는 위치에 있다.

디테일과 사실에 근거한 분석으로 대안을 제시하면 상사에게 신뢰와 인정을 받는 건 당연지사다.

현재까지 대기업에서 승승장구하고 있는 선배에게 그 비결을 물은 적이 있다. 선배는 상사의 업무 지시에 '예, 알겠습니다'라고 즉시 답하는데, '예, 알겠습니다'는 '지시한 대로 하겠습니다'가 아니라 '지시한 사항을 이해했습니다'라고 해석한다는 것이다. 상사의 지시 사항이 납득이 가고 맞다고 생각할 때에는 제대로 이행할 방법을 찾아낸다. 하지만 상사가 지시한 방향보다 더 나은 방법이 있으면 반드시 다시 자리를 만들어 상사를 설득하고 'No'라고 이야기한다는 것이다. 이런 과정을 몇 번 거치면 상사는 자신을 신뢰하게 되고 자신도 상사의 신뢰에 보답하기 위해 항상 더 나은 대안을 찾으려 몰입하게 되는 선순환 구조로 들어선다고 조언했다.

마지막은 상사와 원활한 소통이다.

앞의 네 가지 조건을 모두 갖췄어도 결국 팔로워로서 팀장은 상사와 소통이 잘 될 때 존재 가치가 빛난다. 소통은 팔로우십에도 중요한 요건이다. 더 넓게는 사회생활을 하는 모든 이에게 중요한 요소다.

상사와 좋은 소통의 조건에는 상사의 의중, 의도, 의향을 빠르게 읽는 탐심探心이 필요하다. 말은 쉬워도 개발하기 어려운 능력이다. 상사의 의중을 제대로 읽고 싶지 않은 사람은 없다. 그걸 제대로 읽으면 상사에게 인정받는 것을 누구나 안다. 따라서 매순간 상사 입장에서 생각하는 역지사지易地思之의 마인드로 생각하면 가능성이 있다.

'내가 상사라면 이런 상황에서 어떤 점이 제일 궁금할까?', '내가 상사라면 이때 산하 팀장에게 무엇을 요구할까?', '내가 상사라면 어떤 자료가 있어야 그 위 상사를 설득할 수 있을까?', '내가 상사라면 우리 팀이 어떤 성과와 조직 문화를 만들었을 때 좋아할까?'를 생각해보는 것이다. 이런 생각이 바탕이 되면 상사의 의중을 읽을 수 있는 기초가 다져지는 셈이다.

특히 적극적 경청 수준을 넘어선 전략적 경청을 해야 상사의 의중을 파악하기 쉽다. 말 많은 상사라면 핵심을 찾아내는 게 어렵고, 말이 많지 않은 상사라면 적은 것 중에 핵심을 발견해내기가 어렵다. 그렇기에 상사가 업무 지시나 방향성을 말할 때는 집중해서 듣고 지시 사항이나 방향성이 명확하지 않으면 확인해야 한다. 그 자리에서 확인하는 것이 조직 생활의 기본이지만 직급이 높아지고 책임 범위가 커질수록 이 시점에 이런 지시를 하는 이유가 무엇인지 전략적으로 생각하며 판단해야 한다. 조직에서 상사가 이유나 목적 없이 '그냥' 뭔가를 시킬 일은 절대 없다.

상사와 잦은 소통에 자투리 시간을 활용해보자. 모닝 커피를 마시는 시간, 식사를 위해 이동하는 시간, 화장실 오가는 복도나 자리로 이동하는 시간 등이 있을 것이다. 이 시간에 디테일한 보고나 업무 지시를 받지는 못할지라도 방향성과 공감대는 형성할 수 있다. 필자는 담배를 피우지 않지만 상사가 담배 피우러 갈 때 종종 따라 나간다. 그리고 상사의 이런 저런 넋두리도 듣고 업무 관련 방향성을 받고 공감대를 형성하는 유용하고 생산적인 시간으로 활용한다.

▐▌ 상사가 생각하는 좋은 팀장, 나쁜 팀장

상사가 좋아하는 팀장, 좋은 팔로워와 나쁜 팔로워는 어떤 사람일까? 먼저 상사가 생각하는 좋은 팀장은 상사가 바라는 성과를 거둘 준비와 마인드가 된 사람이다. 일의 성공을 위해 끊임없이 고민하고 상사와 소통하는 사람이다. 골프에서 프로 골퍼와 캐디의 관계를 보자. 캐디는 골퍼가 최상의 기량을 발휘할 수 있도록 도와주는 사람이다. 경기 중 선수가 겪게 되는 감정 변화를 컨트롤해주는 역할도 한다. 캐디가 골퍼를 도와주긴 하지만 골프 경기 결과에 대한 모든 책임과 영광은 골퍼에게 있다. 조직도 마찬가지다.

상사는 언제나 팀장에게 도움을 요청할 수도 있고, 역할과 책임이 불분명한 일도 맡길 수도 있다. 하지만 최종 결정에 의한 최종적인 책임은 최종 결정권자인 상사에게 더 큰 비중이 있다. 상사는 팀장에게 권한 위임으로 많은 부분을 넘겨줄 수 있지만 일의 결과에 대한 책임까지 넘겨줄 수는 없다.

상사가 뽑은 좋은 팀장의 모습을 정리하면 이렇다.

- 일일이 통제하지 않아도 스스로 계획하고 실천하는 팀장
- 자기 팀의 이익뿐 아니라 동료, 다른 팀장들과 협업을 잘하는 팀장
- 팀 미션과 R&R을 지속적으로 학습하고 구성원에게 공유하여 팀과 상위 조직의 목표 달성에 노력하고 대비하는 팀장
- 사내외 컴플라이언스Compliance를 잘 지켜 업무 외적인 리스크 Risk에 의심하거나 고민하지 않게 만드는 팀장

반면 상사 시각에서 나쁜 팔로워 팀장은 이런 팀장이다.

- 고집이 세고 상사가 제시하는 방향을 무시하는 팀장
  현대 조직이 군주가 지배하는 시대 같은 방식으로 운영되는 것은 아니지만 조직 내 역학 관계는 춘추전국시대의 군주와 신하의 관계나 군주론을 집필한 중세 이탈리아 상황이나 별반 다르지 않다. 수많은 팔로워 팀장이 상사에게 할 말, 못 할 말을 구

분하지 못한 채 역린을 건드리는 바람에 어느 날 갑자기 나쁜 팔로워 팀장으로 낙인찍혀 자리가 위태로워지기도 한다.

• 공과 사를 구분하지 못하는 팀장

회의와 회식이 많은 우리나라에서 많은 직장인들이 이런 자리를 공식적인 자리인지 비공식적인지 헷갈려 한다. 여기서 분명히 짚고 가자. 회의나 회식은 장소와 주제 여부를 막론하고 100% 공식적인 자리다.

팀장도 상사에게 기분 나쁘거나 서운하고 섭섭한 감정이 있다. 하지만 결코 구성원과 함께 있는 회의나 회식 시간에 그 자리에 있지도 않은 상사에게 서운했던 일이나 감정 또는 상사의 의사결정 방향에 대해 이야기하는 것은 절대 바람직하지 않다. 비판할 것이 있으면 상사에게 직접 해야지 자신의 팀원들 앞에서 비판하는 것은 비겁한 행위다.

구성원도 바보가 아니다. 팀장에게 직속 상사는 그들에게는 2차 상사다. 그들에게는 2차 상사의 자리가 비전일 수도 있고, 그분을 멘토로 생각하는 사람이 있을 수 있다. 팀장이 상사를 따르는 모습을 보일 때 팀원들도 팀장인 자신을 따를 수 있게 된다. 물론 조직에서는 항상 공공의 적이 있게 마련이다. 그런 사람은 누구에게도 존중받지 못하는 독불장군으로, 아래 직원들을 자신의 출세와 자기 자리 보전을 위한 도구 정도로만 생각하는 사람이다. 비인격적

팀장, 바로 당신의 조건

으로 함부로 대하거나 전제 왕조 폭군의 모습을 갖고 있는 상사들 말이다. 설령 상사가 이럴 경우라도 팀 내 공식적인 자리에서 그 사람을 비난하거나 그 사람의 의사결정 방향에 비판하는 것은 정당화될 수 없다. 이는 비겁한 행위로 자신의 리더십에도 도움이 되지 않는다.

▮▮ 상사 유형별 팔로워 팀장의 대처법

지피지기, 백전불태知彼知己, 百戰不殆라고 했다. 적을 알고 자신을 알면, 백 번을 싸워도 위태롭지 않은 것이다. 상사를 알고 나를 파악하고 있다면 어떤 유형의 상사든 어떤 상황이든 극복해낼 수 있다. 물론 현실에서 수많은 고통과 통곡의 벽을 넘어야 한다.

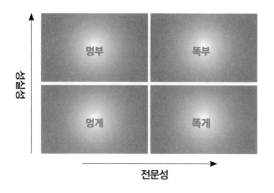

똑게(똑똑하고 게으른) 상사

똑게형 상사와 일할 때 팔로워 팀장은 가장 많이 성장할 수 있다. 권한 위임과 자율권을 많이 주는 상사로 방향성 정도만 제시하는 경우가 많다. 따라서 팀장이 주도적으로 해야 할 일이 많아진다.

똑게형 상사에 대한 대처법은 팀장 자신 먼저 결과물이든 과정상 보고할 것이든 들이대는 방식이 유용하다. 특히 상사가 찾기 전에 먼저 보고해야 한다. 상사의 전문성에서 묻어나는 툭툭 던지는 힌트를 활용해 미리 준비해놓고 적절한 시간에 보고한다.

똑부(똑똑하고 부지런한) 상사

함께 일하는 팀장 여럿을 나가떨어뜨리게 하는 유형이다. 상사의 기준이 높고 부지런하기에 웬만해선 칭찬은 엄두도 내지 말아야 한다. 대처법은 오로지 실력 전문성과 성실함의 정면 승부다.

높은 전문성과 인사이트를 가진 상사를 하루아침에 넘어설 수는 없다. 하지만 팀장 자신이 맡은 분야만큼은 결단코 밀리지 않겠다는 의지와 꾸준한 학습이 있다면 불가능할 것도 없다. 디테일에 엄청난 신경을 써야만 어느 정도 상사의 눈에 들 수 있다. 이런 상사와 만났을 때는 자신의 전문성과 업무 역량을 업그레이드할 수 있는 절호의 기회라고 생각해야 버틸 수 있다. 명심할 것은 전문성을 제외한 자기 관리 만큼은 절대 밀리지 않는 것이다.

멍게(멍청하고 게으른) 상사

멍게 상사와 일할 때 가장 주의해야 할 점은 매너리즘에 쉽게 빠질 수 있다는 것이다. 특히 초임 팀장 시절에 이런 유형의 상사를 만나는 것은 팀장으로서 자신의 성장에 큰 걸림돌이 되고 결국은 독이 될 수 있다. 조직의 리더로서 기초를 닦고 기반을 다질 시기에 전문성도 부족하고 일에 대한 열정이나 집중력이 부족한 상사로부터는 제대로 된 피드백을 받을 수도 없다. 상사가 일 자체를 말리는 스타일만 아니라면 오히려 자신의 방향대로 밀고 나아가며 폭풍성장의 기회로 삼자.

멍부(멍청하고 부지런한) 상사

가장 힘들고 피곤한 상사 스타일이다. 똑게형 상사보다도 심리적으로 훨씬 더 힘들다. 이런 유형의 상사 밑에서는 보고서나 결과물의 버전 관리가 매우 중요하다. 경험했던 최악의 상사는 버전 72까지 피드백을 받은 적이 있었다. 말이 피드백이지 그 상사는 자신이 지시한 것을 눈 깜짝 않고 바꾸는 것도 서슴지 않았다. 이런 상사 밑에 있는 사람의 공통점은 자기 존중감과 자기 효능감이 바닥까지 떨어져 구성원이 좀비처럼 변해간다.

상사 부하	멍-부	똑-부	멍-게	똑-게
똑-게	갈굼 / 불평불만	조짐 / 임기응변	용청만 함 / 건성 건성	지켜봄 / 불안함
멍-게	갈굼 / 짖어라	조짐 / 안 맞는 다고 생각	평화 (-)	지켜봄 / 상사를 천사로 착각
멍-부	의치/확의 (-)	조짐 / 숨막혀 하며 열심	요청만 함 / 그냥 열심히 함	지켜봄 / 잘하고 있다고 착각
똑-부	갈굼 / 잡아먹음	조짐 / 맞짱	요청만 함 / 그냥 알아서 함	이상적 궁합 (+++)

양 코치는 교육생들에게 다음과 같이 주문했다.

"여러분의 직속 상사를 떠올리세요. 네 가지 중에 그분의 유형을 상상해보세요. 이제 그분을 대하는 여러분의 팔로우십 유형을 생각해보세요. 위의 표에서 대칭되는 곳을 짚어 여러분의 상황과 비슷한지 확인해보세요. 그리고 여러분의 느낌과 생각을 조원들과 나눠보세요."

각 조에서 웃음소리와 탄식이 터져나왔다.

"지금 나랑 내 상사의 상황이 한 단어로 설명돼있네요."

"웃고 넘길 그림이 아니네요. 인사이트가 있어요."

팀장, 바로 당신의 조건

"직원들이 나를 어떻게 볼까라는 관점에서 이 표를 보니 소름 돋네요."

"전에 모셨던 상무님이 생각납니다. 그래서 우리가 그때 그랬구나!"

여러 반응에 학습 분위기가 갑자기 화기애애하게 바뀌었다.

각 네모칸 우측 상단이 상사의 리더십 행동이고 좌측 하단이 이에 대응하는 부하 팔로우십 행동이다. 가장 이상적인 궁합은 똑게 상사를 팔로우하는 똑부 부하다. 스마트한 상사가 방향 설정을 잘해주고, 스마트하며 열정적인 똑부에게 적절한 권한 위임을 하면 성과가 잘 나오지 않을 수 없다.

두 번째로 눈여겨볼 부분은 멍부 상사와 멍부 부하가 만났을 때다. 이들은 열심히 일을 벌리고 사고를 치며 절친 케미를 과시한다. 하지만 성과는 기대할 수 없고 갈수록 퇴보하는 조직이 된다.

멍게 상사와 멍게 부하는 아무 일도 하지 않으면서 그저 평화롭게 살아간다. 물론 그러다가 어느 한순간에 개인도 조직도 훅 간다. 조직에서 존재감이 없다는 건 미래의 불확실성이 커진다는 말이다.

가장 재미있는 궁합은 똑게 상사와 멍게 부하의 궁합이다. 멍게 부하는 상사를 천사로 착각하며 시간만 허비하고 만다. 함께 일하는 동안 역량 개발도 안 되고 성과도 만무하다. 참다 지친 똑게 상사는 어느 날 갑자기 멍게 부하에 대해 인사 조치를 할 것이다.

어느 취업 포털 사이트에서 실시한 설문조사에 따르면 '인생의 멘토가 있는가?'라는 질문에 '그렇다' 92%, '있다면 그 사람이 어디에 있는가?'라는 질문에 '직장 내에 있다'는 응답이 가장 많은 35%를 차지했다.

다시 말해 약 17%가 직장 내에 인격적으로 또는 자신을 육성시켜주기 위해 노력하는 훌륭한 상사가 있다는 것이다. 그 17%의 상사가 내 상사로 있느냐는 별개 문제로 그럴 확률은 낮을 테지만, 이런 훌륭한 상사 밑에서 일할 수 있다는 것은 행운이고 축복받은 일이다.

상사와 부하를 매트릭스로 단순화하여 틀을 만들고 정답을 찾을 필요도 없고 그럴 수도 없다. 하지만 복잡할수록 단순화시키려는 노력은 필요하다. 내 상사가 어떤 유형에 가까운지를 파악하고 적절하게 대응하는 것이 프로페셔널 팔로워 팀장의 자세다.

▌▌ 상사 관리 노하우

'상사 관리'라는 말이 있다. 부하가 상사를 관리한다는 게 상식적으로는 말이 안 되지만 팔로우십의 다른 이름이 곧 상사 관리다. 그렇다면 자신에게 유리하게 상사 관리를 하려면 그에 필요한 팔로우십 스킬을 익히는 게 중요할 수밖에 없다.

상사가 선호하는 의사소통 방식에 맞추는 게 우선이다.

상사는 팀장보다 바쁘다. 몸이 바쁘지 않아 보여도 그들의 머리는 여러 이슈와 고민으로 가득하다. 직원이었을 때는 팀장이 한가한 사람이라고 느낄 때가 많다. 하지만 실제로 팀장으로서 겪어보니 어떤가? 실무자 직원 때보다 바쁘고 스트레스도 많다. 팀장의 상사도 마찬가지다. 상사는 팀장보다 머리가 더 복잡하고 더 큰 스트레스에 마음이 짓눌려 있다. 즉, 자신과 직접적인 관련이 없거나 영향력이 크지 않은 일에 낭비할 시간과 여유가 없다는 의미다. 그렇기 때문에 상사가 언제, 어떤 방식의 소통을 선호하는지 정확히 파악한 후 그 방식에 최대한 맞춰 상사의 불필요한 에너지 소진을 막아줘야 한다.

상사와 소통의 목표는 상사의 의도와 의중을 빠르고 정확하게 파악하는 것이다. 그러기 위해 조직이 돌아가는 상황과 사내 정치 지형도, 사업 전략과 방향성에 예민하게 촉을 세워야 한다. 상사의 무조건적인 예스맨이 되라거나 순응하라는 것이 아니다. 상사의 의도와 의중을 파악한 상태에서 제대로 대응하는 게 중요하다. 상사와 정렬이 잘 돼야 직원들이 불필요하게 고생하지도 않고 상사가 기대하는 성과를 만들 수 있다.

상사와의 소통에서 핵심은 자신의 팀과 자신에게 원하는 기대 사항을 확인하는 것이다. 특히 상사가 바뀌는 인사 시즌에 이를 빠르게 확인한다면 부임 초기에 좋은 이미지를 심어줄 수 있다. 더불어 상사의 조력을 받거나 지원 사항을 잘 파악해놔야 한다. 상사는 필요한 것을 알아서 척척 도와주는 사람이 아니다. 필요한 게 뭔지 알지 못하거나 지원할 이유를 찾지 못하면 시간이 있고 자원이 남아도 도와줄 수 없다.

상사의 신뢰는 타이밍과 퀄리티가 거의 전부다.

새롭게 시작하는 일이나 상사가 고민 끝에 맡긴 일은 무조건 납기를 맞춰야 하며, 중간 보고도 자주 해야 한다. 상사가 궁금해서 찾은 후에 보고하는 것은 이미 한발 늦은 타이밍이다. 상사가 묻기 전에 중간 보고와 요약 보고를 생활화해야 한다. 꼭 대면 보고가 아니어도 이메일이나 문자 등을 적절히 활용해서 어떻게 진행되고 있는지 업데이트한다.

내 상사도 또 다른 누군가의 부하다. 자신이 관장하고 있는 업무의 진척 상황을 명확히 알고 있어야 상사나 다른 이해관계자와의 소통에서 자신 있고 당당하게 처신할 수 있는 것이다.

상사에게 최대한 양질의 정보를 제공하라.

팔로워 팀장이 제공하는 양질의 정보는 상사가 다른 경쟁자나 상사의 상사를 대할 때 비장의 무기다. 상사가 화를 내는 것이 두렵다고 나쁜 소식에 대한 보고를 지연하거나 누락한다면 원래 의도가 어찌 됐든 상사를 파멸의 길로 밀고 가는 꼴이 된다. 상사와의 관계도 결국은 파국으로 치닫게 된다.

상사는 팀장보다 폭넓은 업무를 관장하기 때문에 문제나 이슈를 해결할 마음의 준비가 된 사람이다. 상사는 또 그러려고 더 많은 급여와 인센티브를 받으며 있는 존재다. 어떤 문제든 조기에 조치하고 해결해야만 조직이나 개인에게 오는 피해를 줄일 수 있다. 이슈가 발생했을 때는 팩트에 근거해 빠르고 정확하게 보고하므로 해결 방법을 찾아야 한다.

상사의 성공이나 승진을 적극 도와라.

팔로워 팀장이 조직에서 성공하는 가장 확실한 방법은 자신이 모시는 상사가 성과를 내고 돋보이게 만들어 빨리 승진하게 만드는 것이다. 상사의 성공이 곧 자신의 성공이라는 마인드는 팀원들과 팀워크를 만드는 데 도움이 된다. 상사와 팀장 그리고 팀원이 같은 공동 운명체라는 생각은 결속력을 다지는 데 강한 위력을 발휘한다. 상사의 성장이나 성공에 장애물이 어떤 것이지 살피고 최

대한 지원해야 한다. 정상적인 상사라면 반드시 여러 방법으로 보답한다. 이것이야 말로 시대가 아무리 변해도 바뀌지 않는 인간관계의 기본 법칙이자 조직 생활의 생존법이다.

남보다 빠르고 앞서는 승진이나 성과를 달성한 사람 중 대다수는 상사와의 좋은 관계가 기본이자 가장 중요한 요인임을 절대로 부정하지 않는다.

상사도 청찬에 목마르다.

상사도 감정이 있고 호불호가 명확한 사람이다. 있지도 않은 일이나 작은 것을 크게 부풀려 잘 보이려고 하는 의도를 가진 아부는 좋아하지 않을 수 있다. 하지만 자신이 이뤄낸 성과나 잘한 일에 대한 청찬(아부)은 청찬하는 사람이 누구든 간에 싫어할 사람이 없다. 아니 직급이 올라갈수록 오히려 청찬에 목말라 하는 경우가 많다.

상사도 자신의 상사로부터 받는 청찬이나 격려가 가장 좋겠지만 그분의 상사는 안타깝게도 내 상사보다 더 바쁘고 더 많은 스트레스를 끼고 살며, 시간은 분 단위로 쪼개야 하기 때문에 대체적으로 청찬에 인색하다. 그러므로 부하의 청찬도 상사를 동기부여시키고 감동시킬 수 있다. 더불어 자신이 내린 의사결정이나 판단에 확신을 갖게 만들기도 한다. 상사를 청찬할 때는 상사가 직접 제기한 안건의 결과나 과정에 대해 칭찬하면 효과는 배가 된다. 핵심은 팩트에 근거하여 침소봉대針小棒大하지 않는 칭찬은 아부가 아니라 상사 관리의 강력한 도구다.

혼자 빛나는 별은 없다. 별빛은 대부분 다른 빛을 받아 반사하는 것이다. 좋은 리더가 되기 위해서는 상사로부터 좋은 빛을 받아야 한다. 거기서 끝이 아니라 상사라는 큰 별도 더 빛나게 만들어야 한다.

경쟁하는 관계라도
공생을 노려야 한다

'필요악', '끝없는 경쟁자', '내 맘대로 안 되는 기레기', '조용한 암살자', '어떻게든 새로운 일을 안 맡고 책임지지 않으려는 뺀질이', '천하의 아부쟁이', '타고난 정치인', '나를 단련시키는 귀인', '긴장 & 스트레스 유발자' 동료 중에 가장 경계하거나 거슬리는 사람의 이미지다. 동료 팀장의 이미지는 보이지 않는 수 싸움을 벌이는 경쟁자다. 또한 임원이나 상위 직급으로 승진을 두고 결전을 펼쳐야 할 숙명의 라이벌이다.

조직에서 동료 팀장은 같은 조직 내의 선후배나 동기 아니면 외부에서 영입된 사람들로, 엇비슷한 경험이 있는 인생 선후배 사이다.

동료를 뜻하는 펠로우Fellow는 원래 조직에 활력소가 되는 그룹이다. 상사로부터 쪼임을 당하거나 구성원이 속을 썩일 때 비슷한 처지에 있는 동료야말로 공감해주고 객관적인 시각으로 조언할 수 있는 소중한 존재다.

하지만 현실에서는 조직의 상층부로 직급이 올라갈수록 리더 자리는 한정되고, 그 자리를 노리는 동기나 선후배는 넘쳐나기 때문에 아름답고 이상적인 모습은 급격히 사라진다. 내부 경쟁이 치열하고 사내 정치가 판을 치는 조직일수록 동료 팀장의 실수나 성과 부진은 곧 자신의 기쁨이자 성장 기회라 생각하며 쾌재를 부른다.

▌ 같은 듯 다른 동료 팀장과의 관계

동일한 상사 밑에 있는 동료 팀장도 조직의 특성에 따라 다른 역학 관계를 가진다.

첫째는 연결된 부서가 상위 조직으로 엮인 경우다. 예를 들어 생산 관리 조직의 경우에는 생산팀, 자재구매팀, 생산기술팀, 납품·영업팀 등으로 각각 고유의 기능이 있으면서 서로 연결돼 있기 때문에 우리 팀의 일이 제대로 돼야 다른 팀의 일도 원활하게 수행할 수 있다.

둘째는 같은 역할을 수행하여 경쟁하는 경우다. 예를 들어 생산1팀, 생산2팀, 생산3팀처럼 서로 같거나 비슷한 제품을 생산하는 경우 직간접적인 불량률, 수율 등으로 수시로 비교당하고 경쟁하는 관계다.

셋째는 서로 독립적으로 권한을 행사하는 팀이다. 예를 들어 경영지원본부장 아래에는 인사팀, 전략팀, 재무팀, 법무팀 등이 서로 독립적으로 각자의 역할을 하며 상사의 의사결정을 지원한다. 상대 비교는 어렵지만 가장 피를 말리고 힘든 조직은 직접적인 경쟁 체제에 있는 생산1,2,3팀, 영업1,2,3팀과 같은 팀장일 것이다.

어떤 조직에서 동료애가 가장 넘쳐날까? 역시 직접적인 경쟁 체제에 있는 팀장이다. 엮여 있거나 독립적인 기능을 담당하는 팀장끼리는 동료 팀장이 하는 일의 속살까지는 알 수 없기 때문에 동료애가 생기는 데는 한계가 있다.

▌ 팀장의 펠로우십이 필요한 이유

펠로우십은 이타적이고 고상한 것처럼 보여주기 위해 필요한 게 아니다. 상위 조직이 건강한지 여부를 확인하는 방법 중 하나가 동료이자 선의의 경쟁자인 동료 팀장과 소통, 협업의 정도다.

불필요한 견제와 존재감을 드러내기 위한 생색내기식 일 처리가 횡행한 조직이 건강하게 협력하며 상위 조직의 목표 달성을 위해 최선을 다할 리 만무하다. 상사의 지상 최대 과제는 산하 팀장들의 협력과 협업이다. 상사가 동료 간의 반목이나 갈등, 비협조와 불통 등 조직 개발을 방해하는 행위를 눈치채지 못할 리 없다. 상사도 팀장 시절에 그런 상황과 감정을 느끼고 경험하면서 성장했고, 현재 포지션에서는 더 큰 경쟁과 눈치 게임이 벌어지는데 페이크를 모를 리가 없다.

반대로 누가 진정으로 조직을 위해 노력하고 시너지를 내려고 고군분투하는지를 눈치 못 채기도 어렵다. 상사 관점에서는 산하 여러 팀장이 각자 맡은 역할과 미션이 장기판 위의 말이다. 일이 자로 선 긋듯 딱딱 맞아 떨어지는 것만 있지 않고, 상황도 시시각각 변하기 때문에 조직 이기주의와 소모적인 대립을 부추기는 팀장이 좋게 보일 리 없다.

▌ 동료 팀장과 관계 맺기

동료 팀장으로서 생각해봐야 하는 것은 '이 조직에서 자신은 어떤 동료인가?'다. 동료로서의 정체성이 분명하지 않으면 그때그

때 다른, 시류에 영합하는, 상사 눈치만 보는 팀장이라는 낙인 아닌 낙인이 찍히게 된다. 동료 팀장이 경쟁자는 맞지만 경쟁사나 경쟁 조직을 이기는 데 결정적인 역할을 해야 하는 상사의 중요한 자원이자 중요한 병기다. 상사가 원하는 선의의 경쟁을 통해 성과를 만들기 위해서는 동료 팀장과 좋은 관계를 맺을 때 가능하고 의미가 있다. 동료 팀장과 좋은 관계는 단지 상사의 만족뿐 아니라 더 많은 장점을 갖는다.

그중 하나는 구성원이 일하기 편한 환경을 만든다는 점이다. 관계가 좋지 않은 사실을 구성원이 알면 해당 팀의 구성원과도 어색함과 불편함이 존재한다. 해당 팀원과 협업을 하거나 자료를 주고받을 때마다 팀장의 온갖 눈치를 살펴야 한다면 거기서부터 잠재적 문제점을 안고 일하는 것이다.

반대로 팀장 사이에 소통이 잘 되고 좋은 관계를 맺고 있으면 구성원도 덩달아 편안하고 친숙한 분위기 속에서 일할 수 있다. 같은 맥락으로 협업도 잘 일어난다. 조직에서 협업이 잘 일어나기 위해서는 팀 간, 조직 간에 좋은 분위기가 만들어져야 한다. 새롭거나 어려운 과제가 떨어졌을 때 원활한 협업은 일의 성패를 가를 수 있는 중요한 요인이다. 팀 사이의 좋은 분위기는 팀장이 업무적으로, 인간적으로 서로 좋은 관계를 맺을 때 비로소 가능하다. 이럴 때 불필요한 곳에 에너지를 쏟지 않아도 된다.

팀장 사이의 관계가 불편하면 소통 비용이 과하게 발생한다. 전화 한 번, 메일 한 통이면 끝날 일을 빙빙 돌리며 서로 눈치를 보고 의중을 살피며 일하느라 될 일도 안 되는 경우가 다반사다. 결국 일의 속도와 질을 떨어뜨리는 결정적인 요인이다.

"모든 일은 마음먹기에 달렸다"라는 말이 그저 나온 게 아니다. 사람은 누구나 자유의지가 있고 동기가 있기 때문에 어떻게 마음먹고 어떤 결심을 하느냐에 따라 다르다. 사람이나 일을 바라보는 관점, 접근 방법, 과정에서 완전히 다른 모습을 보이게 되며 성과나 결과에 지대한 영향을 끼친다. 동료 팀장이라는 존재도 마찬가지다. 경쟁자라고만 생각하면 곤란하다. 설령 자신이 그토록 싫어하는 그 경쟁자가 사라지더라도 그 자리 자체가 없어지지 않는 한 새로운 경쟁자가 곧 선임되고 만다. 어떤 조직에서 새롭게 팀장을 선임하는 데 이전 사람보다 못 한 사람을 자리에 앉히겠는가?

결국은 더 강력한 경쟁자가 나올 것이고 더 큰 스트레스와 심리적인 압박을 받게 될 것이다. 조직에서 장기간 버티며 성장할 수 있는 동료 팀장을 만들기 위해서라도 우선해야 할 생각이 동업자 마인드다. 프로 스포츠 선수를 보면 그들은 경기 때마다 다른 팀과 경쟁하지만 사실 팀 내에서도 치열하게 경쟁한다. 그 경쟁의 치열함은 일반인들의 상상을 초월할 정도다. 하지만 아무리 경쟁이 치열해도 선수들은 경기의 규칙뿐만 아니라 동업자 정신을 철저하게 지키며 경쟁한다. 서로 다치지 않도록 배려하고 좋은 훈련법이 있으면 공유한다. 조직도 마찬가지로 어떤 일이든 그 일을 직업으로 한다면 프로다. 한 조직을 책임지고 있는 팀장으로서 룰을 지키는 것과 동료가 다치는 일이 발생하지 않도록 배려하는 것은 기본적인 역할이고 책임이다.

동료 팀장이나 해당 팀의 일에 대한 평가나 의견은 철저하게 사실과 자료를 기본으로 하는 것을 지향한다. 상사가 주관하는 회의든 내외부 이해관계자와 미팅이든 동료 팀장의 업무나 성과에 관련된 일은 철저하게 사실과 자료를 기본으로 해야 한다. 부정확한 내용이나 짐작으로 동료 팀장을 곤란하게 만드는 것은 공정함에 어긋난다. 사실과 자료가 기반이 되지 않으면 자칫 인신공격이나 감정이 상한 나머지 동료는 선을 넘는다고 생각할 것이다.

마지막은 상위 조직에 도움이 되는 일이면 절대적으로 협력하는 것이다. 동료 팀장의 상사는 곧 자신의 상사이기도 하다. 동료 팀장과의 관계나 업무 방식에서의 판단 기준은 자신이 하는 행위가 상사나 상위 조직에 도움이 되는가의 여부다. 만약 상위 조직에 도움이 된다면 일정 정도의 충돌이나 대립은 조직에서 용인되지만 그렇지 않으면서 서로 대립하거나 친하게만 지낸다면 이는 꼴불견이자 직무 태만이다.

팀장, 바로 당신의 조건

▌▌ 건강한 펠로우십 만들기

동료라면 내 상사 아래 있는 팀에서 어떤 일이 일어나고 있는지, 혹시 자신이 돕거나 기여할 것은 없는지 대략적으로라도 알고 있어야 한다. 상위 조직의 주요 업무나 현안은 주간 회의나 정기 회의 등을 통해 관련 자료가 공유되고 배포된다. 마치 자신의 팀 일이 아니면 관심 없다는 듯한 태도를 보인다면 상사 입장에서는 불쾌함을 넘어 자기 휘하 구성원으로 받아들이기 힘들어진다.

만약 어떤 팀장이 No-man(반대를 위한 반대를 하고, 대안도 없이 무조적 부정적으로 반응하는 Yes-man의 반대 의미)으로 비춰지면 상사와 관계는 소원해지고 동료들도 서서히 등을 돌리게 된다. 건강한 리더와 함께 원활한 조직 운영을 위해 펠로우십이 요구되는 근본적인 이유이기도 하다. 요즘처럼 한 치 앞도 가늠하기 어려운 환경에서 내부 구성원끼리 총질을 해대는 조직이라는 오명을 쓰면 상사나 모든 동료 팀장의 남은 조직 생활에 치명적인 오점이 된다.

▌▌ 상사와 조직에 유익한 펠로우십

건강한 펠로우십을 발휘하기 위해서는 첫 번째로 동료 팀장과의 역할이 명확해야 한다. 다만 그 기준은 상사나 상위 조직의 목표와 미션이 되야 한다. 유능한 조직의 특징 중 하나는 연결성이다. 팀이라면 구성원 간 협업과 정보 공유가 얼마나 끈끈하고 신속 정확한지를 보면 된다. 우리 몸의 세포 특성 중 신기한 것이 부착성인데, 몸을 이루는 세포 중 피를 구성하는 혈구나 혈소판과 몇몇 면역 세포군을 제외하고는 세포 홀로 존재하지 못한다. 어디엔가 붙어있어야만 한다. 팀장도 마찬가지다. 상위 조직의 핵심 목표와 지향점을 명확히 알고 동료 사이에 유기적으로 연합하고 협업해야 세포처럼 함께 성장할 수 있다. 내 상위 조직이 튼튼하게 중심을 잡아야 결국 팀장 자신에게도 하나의 기회라도 더 오게 된다.

"세 겹줄은 끊어지지 않는다"라는 말이 있다. 펠로우십을 가장 잘 표현한 말이다. 여러 팀이 서로 보완하면서 선택과 집중하는 모습이 상위 조직 입장에서는 더 큰 위력을 뽐낼 수 있다.

두 번째는 동료를 도와줄 수 있을 때 빠르고 화끈하게 도와줘서 진짜 고맙게 만들어야 한다. 우리는 상사가 뭔가를 시키거나 요청하면 즉각 응답하지만 비슷하거나 자신보다 아래로 간주하는 사람에게는 그렇게 하지 않는다. 이것도 일종의 갑질이다. 동료 팀장으로부터 도움을 요청을 받았을 때 시간을 질질 끌면 설령 도움을 주고도 나중에 좋은 소리를 듣지 못한다. 도와줄 수 있는 여력이 있는지 판단하여 빠른 피드백을 줘야 동료 팀장도 대안을 찾는다.

자신이 카드를 쥐고 있다고 줄 듯 말 듯 하는 건 결과가 어떻든 상대방을 자극하는 꼴이 된다. 협업과 지원은 빠르고 화끈해야 뒤탈이 없고 좋은 소리를 들을 수 있다. 직원들에게도 업무 지시를 할 때 남의 일하듯 건성으로 하지 않도록 명확한 지침을 줘야 한다. 조직 생활을 하면서 상사나 동료 앞에서는 최선을 다해 협업하겠다고 하고, 직원에게 지시할 때는 '살살 해라', '너무 열심히 하면 다친다'는 등 뒷다리 잡는 행태를 종종 목격했을 것이다. 이런 모양새는 여러 사람의 에너지를 소진시키며, 팀장에 대한 로열티를 떨어지게 만드는 자충수가 되고 만다.

NPSNet Promoter Score는 우리 말로 '순 고객 추천 지수'라고 하는데, 전략 컨설팅 회사인 베인&컴퍼니가 만든 고객의 충성도를 측정하는 지표다. 고객에게 일 역할을 잘하고 있는지 알기 위해서는 고객의 진심 어린 조언이 가장 필요하고 중요하다. 내부인의 시각으로는 아무리 객관적으로 분석해도 직접 이해당사자인 고객만큼 속마음까지 알 수 없다. 이때 NPS의 간단한 설문을 통해 고객 만족도와 충성도를 확인할 수 있으며 국내외 여러 기업에서 고객 만족의 지표로 활용한다. 이 NPS의 가장 핵심 질문은 "우리 제품이나 서비스를 가족, 친구, 직장 동료에게 추천하시겠습니까?"이다.

동료 팀장과 관계 측면에서 NPS 질문을 응용하면 '동료 팀장이 나를 다른 임원이나 이해관계자에게 추천하겠는가?'라는 관점으로 협업할 것을 추천한다. 고객 추천 마인드라면 동료뿐 아니라 상사와 관계에서도 자신을 확실히 차별화시킬 수 있다.

▌ 4차 산업혁명 시대 팀장의 펠로우십

경쟁자를 파악하는 것도 어려울 만큼 변화가 심한 게 현재의 경영 현실이다. 이런 현실이 동료의 성공이 곧 나의 성공이라는 발상의 전환이 필요한 또 다른 이유기도 하다. 경쟁은 피할 수 없는 숙명이지만 좋은 경쟁이 중요하다. 모두가 경쟁에서 밀리는 때가 있기 마련이다. 동료와 좋은 경쟁은 설령 경쟁에서 밀려도 퇴장이 아름다울 수 있다. 조직 경쟁에서 밀린다고 인생이 끝나는 것도 아니고 다른 기회가 아주 없는 것도 아니다. 좋은 경쟁, 아름다운 경쟁이야 말로 후일 서로에게 새로운 기회를 만들 수 있는 여지를 만들어 주는 촉매제다.

특정한 시기에 특정 역할에서 성과를 낼 수 있는 적임자를 찾는 게 모든 리더나 HR 부서의 고민이다. 과거에는 경쟁에서 밀려나면 패자가 조직을 떠나는 게 당연하게 인식됐으나 최근에는 경쟁자였던 사람이 상하 관계가 돼서도 서로 존중하면서 아름다운 결과를 만들어내는 사례도 늘고 있다.

리더이든 HR 부서든 어떤 역할을 맡길 사람을 찾을 때 1순위가 펠로우십을 잘 발휘하는지 여부다. 동기나 동료 팀장을 넘어서기 위해 부당하거나 좋지 않은 경쟁을 해보지 않고도 성장하는 수많은 사람과 그들을 중용하는 리더들의 모습에서 펠로우십의 중요성을 다시 한번 생각해봐야 한다.

동료를 도울 수 있을 때 양팔을 걷어붙이고 도와라. 힘들어할 때 누구보다 최선을 다해 도와라. 이런 마인드야 말로 어느 조직이든 어떤 신분이든 배척당하거나 무시당하지 않고 꾸준하게 성과를 만들 수 있는 원동력이다.

펠로우십은 진정성이 생명이며 진정성은 언제나 통하는 법이다. 선한 영향력을 끼친다고 반드시 동료나 상사로부터 보상을 받는 건 아니지만 조직이나 동료로부터 배신이나 따돌림은 절대 당하지 않는다. 가장 중요한 것은 결정적인 순간이 왔을 때 자신을 지지해줄 사람은 이런 관계 속에서 자란다.

리더십의 핵심은 권위나 권력이 아니라 영향력이다.

5장

90년생과 MZ세대,

그들과 일하는 팀장의 조건

착각하지 마라!
오해하지 마라!

▌▌ 새로운 갈등 상황에 대한 대처 방식

한 대기업에서 '전 직원 세대 소통'과 관련한 강연을 진행했을 때의 일이다. 강의를 마치고 질의응답 시간에 한 젊은 직원이 "회사에서 근무를 할 때 에어팟(애플의 무선 이어폰)을 끼고 일을 하면 안 되나요?"라고 물었다. 당시 강연장 왼쪽에는 회사 임원을 포함한 시니어 직원들이 주로 앉아 있었고, 오른쪽에는 신입 직원을 포함한 주니어 사원들이 앉아 있었는데, 이 질문에 대한 반응은 극과 극으로 갈렸다. 오른쪽에 앉은 주니어 사원 중 한 명이 "일할 때 이어폰을 끼고 일을 하든 말든 그건 개인의 자유가 아닌가요?"라는 반응을 보이자 왼쪽에 앉은 시니어 직원들 중 몇 명의 표정

팀장, 바로 당신의 조건

이 심각해지기 시작했다. 그러던 중에 임원급으로 보이는 시니어 직원이 미간을 찌푸리며 한마디를 덧붙였다. "이어폰을 끼고 일을 한다고? 요즘 애들 정말 미친 것 아니야?" 이 발언이 강연장에 울려 퍼지자 소통의 목적으로 모인 행사의 분위기는 급격하게 험악해졌다.

직장인의 익명 커뮤니티인 '블라인드'에 한 기업의 직원인 A씨는 자신이 목격한 황당한 에피소드를 올렸다. 옆 팀에서 일하는 여성 신입 직원 B씨가 앞머리에 헤어롤을 돌돌 만 채로 일하고 있는 모습을 본 것이다. 본인도 여성이지만 회사에서 헤어롤을 끼고 일하는 모습은 딱 봐도 기본 예의에 어긋난 행동이었다. 이를 보다 못한 A씨는 B씨에게 '일하는 중에는 헤어롤을 끼면 안 된다'고 넌지시 충고했다. 이 이야기를 들은 B씨는 A씨에게 다음과 같은 말을 했다. "왜요? 머리에 헤어롤을 말고 일하면 안 된다는 법이라도 있나요?" A씨는 블라인드 이용자들에게 '회사에서 헤어롤을 말고 있어도 되냐?'는 질문에 대한 찬반 설문조사를 했다. 결과는 '회사에서 헤어롤을 말고 있는 것은 안 된다'가 소폭의 우세를 보였지만, 댓글 창에서는 이에 대한 뜨거운 찬반 토론이 열렸다.

이 두 사례는 최근 몇 년 사이의 기업 현장에서 일어난 실제 상황이다. 이 두 사례는 기성세대의 시각으로 봤을 때는 분명히 이해하기 힘든 이상하고도 극단적일 수 있다. 왜냐하면 '회사'라는 조직 안에서 우리가 믿고 있는 상식선에서는 한참이나 벗어난 행동이기 때문이다.

문제는 이러한 이슈가 세대 간의 대표적인 갈등으로 발전하고 있다는 것이다. 그 갈등은 보통 철딱서니가 없는 'MZ세대'와 개인의 기본 자율성을 침해하는 것을 당연하게 생각하는 '꼰대세대'로 양분된다. 이러한 갈등은 봉합되지 않고, 'MZ세대는 답이 없다' 또는 '꼰대들은 역시 꼰대다'와 같은 특정 세대에 대한 기존의 스테레오 타입과 같은 일반적 믿음을 단순히 강화하는 것으로 끝나게 된다. 이러한 갈등 상황에 대한 답을 내기 위해서는 어떤 세대를 욕하고 어떤 세대를 편들기보다 특정 가치 판단을 유보하고 지금의 시대적 기준을 소환하여 냉정하게 생각해보는 자세가 필요하다.

필자는 먼저 '회사 안에서 이어폰을 끼거나 헤어롤을 말고 일할 수 있는가'와 같이 새로운 조직 내 이슈로 등장한 영역을 '회색 영역Grey zone'라고 정의한다. 회색지대란 '어느 영역에 속하는지 불분명한 중간 지대'라는 의미다. 정치 용어이기도 한 이 단어를 회사에 적용시키자면 그것은 바로 법적인 영역으로 정의 내리기도 어렵고, 반대로 완전히 개인적 영역으로만 보기도 어려운, 애매모호한 영역을 이야기한다.

첫째로 '법적인 영역'이라는 것은 '주 52시간 근무제'와 같이

「근로기준법」으로 지정되거나 근태, 보수와 같이 근로자가 취업상 준수해야 할 규율과 근로조건에 관한 구체적인 사항을 정한 각 회사의 취업규칙에 들어가는 영역을 뜻한다. 해당 영역은 명확한 규정이 존재하기 때문에 어떠한 갈등이 생겼을 때 명확한 해결도 가능한 부분이다.

둘째로 '개인적 영역'이라는 것은 말 그대로 법이나 원칙으로는 정하기 힘든 자유로운 개인 선택에 따르는 일들이다. 예를 들어 결혼을 해서 자녀를 가진다거나 혼자서 점심밥을 먹는 선택 등을 의미한다. 지극히 개인적인 영역이기 때문에 다른 사람이 누군가의 선택에 왈가왈부할 권리는 없다.

하지만 문제는 법적으로 정의돼있지 않고, 단순히 개인적인 문제로 치부하기에도 어려운 회색의 영역이 존재한다는 것이다. 기존의 조직 문화에서 대부분의 사람들이 이어폰을 끼고 일한다는 것은 기본적인 업무 태도에 어긋나는 일로 생각했지만, 지금 누군가가 "회사에서 이어폰을 끼고 일하면 안 된다는 법이 있어요?"라고 반문한다면 딱히 대답하기도 어려울 것이다. 물론 "무슨 법을 따져? 회사에서 그렇게 일하는 것은 당연히 안 되지"라고 말할 수 있지만, 중요한 것은 그 '당연하다'는 기준이 세대 간 또는 개인 간에 다를 수 있고 실제로 그러한 '다름'들이 업무 현장에서 새로운 갈등의 시발점이 된다는 것이다.

헤어롤과 관련한 이슈도 마찬가지다. 이 헤어롤 이슈의 경우는 에어팟 이슈와는 조금 다르게 꼭 회사 안에서만이 아니라 지하철과 길거리 등 공공장소에도 헤어롤을 착용하고 다니는 것이 일종의 유행처럼 번지면서, 소위 '길거리 헤어롤'에 대한 찬반이 거세게 일어나기도 했다. 특히 2019년에 한 대학 교수가 수업 중에 "헤어롤을 하고 화장하는 학생들이 있는데, 이런 행동은 외국에서는 매춘부들이나 하는 짓"이라는 성적 비하 발언을 했다가 논란이 되기도 했다. 2021년 뉴욕타임즈에서는 앞머리에 헤어롤을 매단 채 도심을 활보하는 젊은 여성들의 모습을 한국의 독특한 현상으로 조명하기도 했다.

이러한 헤어롤과 에어팟의 논란에 대한 속칭 트렌드 전문가들의 분석은 대체로 '시공간에 따라 다른 정체성을 보이는 MZ세대의 특성'이 반영된 것으로 입을 모으고 있다. 하지만 중요한 것은 이러한 새로운 행태를 MZ세대의 특성으로 분석하고 끝나는 것이 아니라 특정 목적을 위해 모인 회사라는 공간에서 이를 어떻게 대처해나갈 것인가이다.

먼저 에어팟과 헤어롤과 관련한 이슈들이 특정 세대의 특성이라는 시각에서 벗어날 필요가 있다. 물론 주로 이러한 이슈를 만들어낸 당사자들이 지금의 젊은 세대인 것은 맞지만, 이것이 단순히 이들의 세대적 특성이 아니라 새롭게 바뀐 세상이 만들어낸, 기

팀장, 바로 당신의 조건

존에 군이 정의하지 않았던 '회색영역'이 새롭게 생겨난다는 것으로 봐야 한다.

왜냐하면 기존의 개인 영역에서 나타났던 행동 양식이 회사라는 공공의 장소에서 나타난 것은 맞지만, 이와 같은 사례를 원칙의 기준에서 옳다 그르다를 판단할 근거가 없었다. 단순히 기존의 '통념'과 다르다고 해서 이를 잘못됐다고 말할 수는 없기 때문이다. 만약 무조건 잘못된 행동이라고 한다면 애초에 논란이 일어날 일도 없었을 것이다.

각자의 영역이 겹치는 곳에서는 당연히 새로운 문제점이 발견되기 마련이다. 이와 같은 이슈도 이에 해당한다. 하지만 진짜 문제는 에어팟, 헤어롤 이슈가 '회사라는 공간에서 무조건 허용돼서는 안 된다'가 과연 절대적인 원칙일 수 있냐는 것이다.

많은 수의 IT스타트업 등에서는 일을 하면서 에어팟을 끼든 헤어롤을 끼든 전혀 문제가 되지 않는다. 단지 자신이 맡은 일만 제대로 완성하면 되기 때문이다. 하지만 수직적인 관료형 조직문화가 남아있는 기존의 기업에서는 이와 같은 이슈가 허용되기는 쉽지 않다. 이것이 의미하는 것은 '새로운 조직이 옳다', '기성조직은 조직문화가 고루하다'라는 말이 아니라, 새로운 이슈에 대한 반응은 그 회사와 조직의 특성마다 다를 수 있다는 것이다. 이것은 꼭 한 조직 전체에 동시에 적용되는 문제도 아니다. 아무리 수평적인 조직문화를 가지고 있는 스타트업이라고 해도 일반 소비자들을 직접 만나서 민원을 처리하는 고객부서에서 헤어롤을 끼는 것을 허용하지는 않을 것이다.

새로운 이슈를 해결하는 방법은 의외로 간단하다. 그것은 바로 애매한 영역을 우리 조직에서는 애매하지 않게 명확히 정의 내리는 것이다. 헤어롤을 말고 일하는 것이 실제로 '우리 업무에 도움이 되는지'를 냉정한 관점에서 논의하고, 어디까지 되고 어디까지 안 되는지를 확실하게 결론 내고 공유해야 한다. 일이라는 기준에서 구성원이 동의하고 이를 사전에 알린다면 여기에 맞는 구성원이 들어오고, 기존 구성원들도 여기에 맞출 수 있을 것이다. 가장 중요한 것은 나에게 맞느냐는 것이 아니다. 우리 조직에 맞느냐는 것이다.

▌ MZ세대에 대한 사회현상

80년대 생과 90년대 생의 기본적인 성향은 크게 달라지지 않았다. 그런데 기성세대가 만들어놓은 조직과 조직문화를 대하는 자세, 즉 태도가 달라졌다. 입사 전에 이들이 받아온 교육과 경험을 통한 지식과 기술이 이전에 비해 확연하게 다르다 보니 기성세대 입장에서는 이런 후배들을 대하는 게 여간 불편하고 어려운 일이 아닐 수 없다. 상명하복 중심의 군대식 교육과 문화에 익숙했던 기존세대는 지시한 대로 잘 따랐기 때문에 리더나 기성세대 입장에서는 관리하기가 수월했다.

'날 믿고 따라오면 너도 나중에 나와 같은 대우를 받을 거야'라는 암묵적인 믿음과 상호 간의 결속이 작용한 결과였다. 하지만 지금은 어떤가? 선배들의 이런 이야기는 공허한 메아리로 들릴 뿐이다. 10~20년 후의 MZ세대 모습인 기성세대들의 현재가 그들에게 아무런 감흥도 도전도 기대도 갖게 만들지 못한다. 사정이 이렇다 보니 입사와 더불어 퇴사를 고민하고, 경력 관리에 들어가고, 투잡을 생각하거나 젊어서부터 세컨드 라이프를 꿈꾸게 되는 것이다. 어떤 선배들은 이런 MZ세대들의 행동을 보고 '너무 앞서간다'거나 '성급하다'거나 '마취가 풀린 수술대 위의 환자 같다'는 말을 하기도 한다. 선배들이 혼돈에 빠져 정신을 못 차리고 있는 마당에 90년대 생이 대거 조직으로 들어오고 있다. 민간기업이든 공조직이든 비영리단체든 이제 그들과 함께 일하는 법을, 그들을 통해 성과를 내는 방법을 찾아내야만 한다.

그런데 사실 90년대 생으로 대변되는 그들이 무언가 특별한 운동을 하거나 그러한 변화를 위해 투쟁을 한 것은 없다. 다만 사회 전반적인 분위기나 기술의 발전, 특히 IT 기술의 발전이 그들이 아주 어린 나이에 급격한 혁신을 이루어내게 했다. 그것에 아주 익숙하고 능숙하게 사용하는 유저로서의 영향력은 기성세대가 생각했던 것보다 훨씬 강력했기 때문에 그 충격에서 헤어나오지 못하는 것일 뿐이다.

그들은 이러한 역량을 조직에 들어와서도 십분 발휘하여 자신들에게 필요한 것을 빠르고 정확하게 얻어내고, 원하는 것을 다양한 공간에서 표출하며, 기성세대나 경영진에게 자신의 목소리를 가감 없이 낼 수 있게 됐다.

회사에서 기성세대와 이들의 가장 큰 차이는 일과 조직을 대하는 마음가짐이다. 기성세대는 일과 조직이 곧 자신의 정체성이라고 생각했다. 그렇다 보니 조직이 필요로 한다면 그것에 영혼과 육체를 갈아 넣으면서까지 일을 했다. 하지만 MZ세대는 그런 경향이 급격히 약해졌다. 자신이 좋아하는 일, 잘할 수 있는 일에 더집중하고, 회사의 네임벨류나 조직의 파워 같은 것에 덜 연연하는 모습이다.

또 다른 차이는 조직이나 동료를 위해 불편함이나 손해를 감수하려는 성향이 급격하게 낮아졌다는 것이다. 이것은 팀장의 입장에서 자신이 맡은 팀의 팀워크를 만들어 팀 빌딩을 하기가 과거에 비해 더욱 어려워졌다는 것을 의미한다.

조직 VS MZ세대

▌▌ 부하 직원 워딩(보여주기식 수평화)

과거 기성세대 리더들에게는 사람 관리, 그중에서도 주니어 직원의 관리는 일도 아닐 정도로 쉬웠다. 그때 그 시절에 주니어 직원들은 선배들이 시키면 시키는 대로 다 했다. 오죽하면 코미디 프로그램의 단골 소재가 상사나 선배들이 주니어 직원을 놀려먹는 일이었을까.

하지만 MZ세대로 대표되는 현재의 주니어 직원들은 기성세 대 리더들의 고정관념이나 그들에게 익숙한 사람 관리에 대한 모 든 선입견을 파괴하고도 남는 행보를 보인다. 따라서 기성세대 리 더들은 적지 않게 당황하는 모양이다.

과거와 같은 방식의 피드백이나 사람 관리를 지속하다가는 자칫 갑질하는 상사, 구성원을 괴롭히는 나쁜 상사로 매도당하기 십상이다. 과거에 제일 쉬웠던 일 중에 하나가 제일 골치 아프고 해결하기 어려운 일이 됐으니 기성세대 리더들이 멘붕에 빠지는 것도 충분히 공감이 간다.

과거에 주니어 직원은 팀장이나 리더 그룹이 직접 챙길 일도 아니었고, 크게 걱정할 것도 없는 이슈였다. 그저 가능성 있는 신입 직원이 들어오면 대리나 과장급의 깐깐한 고참 선배를 한 명 붙여주어 선배가 알아서 교육도 시키고 술도 사주면서 동기부여도 하는 등 굳이 팀장이 나서지 않아도 됐다. 그러다 2~3년이 지나면 말귀를 좀 알아듣는 직원으로 탈바꿈돼 어느덧 밥값 정도는 할 줄 아는, 조직에 도움되는 사람으로 성장하는 체계였다.

그런데 곰곰이 생각해보면 사람을 그렇게 쉽게 관리하고 쉽게 매니지먼트를 한다는 발상 자체가 사실은 잘못된 것이었다. 팀원을 구성원이나 파트너로 생각하는 게 아니라 부하 직원이라고 불렀다. 이는 부르는 호칭에서부터 명령이나 지시를 따라야 하는 종속적인 관계로 설정한 것이다. 아직도 우리나라 대부분 팀장이나 상사들은 자기 팀의 팀원을 직원이나 구성원 또는 파트너로 부르지 않고 부하 직원이라고 한다. 6·25 한국전쟁, 아니 그 이전부터도 우리는 '부하 직원'이라는 말을 썼는데, 이제는 '제가 왜 부하입니까라고 거침없이 하이킥을 날리는 세대들이 들어온 것이다. 조직에서 수평적 문화를 지향한다며 직급 호칭보다 닉네임을 사용한다. 대부분의 조직에서 겉으로는 성과연봉제를 도입하여 유연해지려는 노력을 하고 있지만, 그 속내를 들춰보면 여전히 수직적 구조에 숨이 막힐 지경인 조직도 부지기수다. 닉네임 부르거나 모두가 이름 뒤에 '님'을 부치는 '님 호칭'을 한다고 하더라도 여전히 반말과 예의 없는 거친 태도로 팀원을 대하는 곳이 많다. 이런 것이 바로 '보여주기식 수평화'다.

▋ '오너십을 가져'에 숨어있는 부당함을 말하는 시대

"회사에서는 주인의식(오너십)을 가지고 일을 할 필요가 있다. 회사에서 주인의식을 가진 사람과 주인의식을 가지기 않은 사람의 결과는 천지 차이가 나기 마련이다."

이 문장은 대한민국에서 한 조직에 속한 직장인이 가장 흔하게 들을 수 있는 조언인 동시에 사장을 포함한 상사가 하위 직급자에게 가장 해주고 싶은 조언이기도 하다.

주인의식(이하 '오너십ownership')을 가지라는 조언의 효용성이 강조되는 이유는 기본적으로 회사라는 조직의 구조 때문이다. 회사란 '특정 가치 추구를 목적으로 하는 조직'을 의미하고, 우리가 기업이라고 부르는 '영리 법인'의 특정 가치란 일반적으로 '이윤 추구'를 목적으로 한다. 그런데 이렇게 돈을 벌기 위한 목적으로 만들어지는 회사는 수많은 사람들이 의기투합해서 시작을 하기보다는 보통 '창업자'라고 불리는 한 사람이 자신만의 고유한 아이템 또는 방식으로 이윤을 추구하기 위해 설립한다. 그러다 보니 회사라는 업무 범위가 넓어지고 조직의 규모가 커지는 과정에서 사람을 고용할 때 가장 기본적인 조건은 '창업자의 의도를 명확히 이해하고, 창업자와 동일한 시각과 의식을 가진 사람'을 뽑는 것이 된다. 만약 '같은 목적'을 가지고 한 기업에서 일을 해야 하는 직원이 완전히 다른 의도와 의식을 가지고 있다면 아마 그 회사는 기초적인 업무도 처리하지 못하는 식물형 조직으로 남을 수밖에 없다.

문제는 회사에서 일하는 조직원이 기업의 명확한 경영 의도를 이해하고, 나아가고자 하는 방향으로 함께 나아가는 것은 필수라고 할지라도 애초에 직급이 사장이 아닌자들, 즉 창업자라는 이름을 가진 오너의 자리를 가지고 있지 않은 사람들에게 오너십을 가지라고 하는 것은 무언가 걸맞지 않은 자리에 걸맞지 않는 의식이라는 부조화가 생긴다는 것이다.

원래 오너십이라는 단어가 사전적으로 소유권을 의미한다는 점에 비추어보면, 오너십을 가지라는 것은 '소유권을 가지라'는 뜻

이 된다. 하지만 우리 사회에서 '오너십을 가지라'는 조언은 그보다
는 윗사람이 시키지 않아도 스스로 일을 찾아서 책임감 있게 마무
리하는 하급자의 태도를 의미한다.

분명 억지로 하기 싫은 일을 대충 하는 사람과 자신이 맡은
일에 대해 A부터 Z까지 모든 것을 꿰뚫고 일의 전후좌우를 모두
컨트롤하는 사람과의 업무 성과는 확연히 다를 수밖에 없다. 큰 규
모의 회사 사장이 자신의 생각과 의도를 100% 조직원에게 실시간
으로 전달할 수는 없는 상황이다. 따라서 이에 대해 직원이 자신의
어떤 자리에 있든 '제대로 일을 처리하지 못하면 당장 망할 수 있는
1인 사업자라는 마인드를 가지고, 24시간 일에 대해 고민을 하며,
예상을 뛰어넘는 성과를 낼 수 있는 직원'을 가지고 싶은 마음은 어
찌 보면 자연스러운 욕심이라고 할 수 있다.

문제는 '오너십을 가지라'라는 사장 또는 상사의 조언이 가진
원초적인 논리의 허점을 지적하는 사람들이 나오기 시작했다는 것
이다. 앞서 언급했듯이 오너십을 가져야 할 사람은 오너다. 회사
조직의 소유권을 가지고 있는 오너(물론 법인의 주식을 전혀 소유하
지 않고 월급 사장에 머물러 있는 사장은 아닐 수 있지만)가 오너십을 가
지는 것은 굳이 말할 필요도 없는 당연한 것이다. 실제로 소유권을
가지지 않고, 정해진 근무시간에 노동력을 제공하고, 월급이라는
정해진 반대급부를 받기로 계약이 돼있는 직원에게 오너십을 가지

라는 것은 논리적으로 따졌을 때 모순이 있다.

그래서 지금도 수많은 경영자들이 어떻게 하면 직원들에게 '이것은 다른 사람이 아니라 나 자신의 일이다'라는 주인의식을 줄 수 있을지에 대해 고민하고 있다. 하지만 그에 대한 답은 '궁극적인 방법이 나올 수 없다'이다. 왜냐하면 주인이 아닌 사람에게 주인의식을 준다는 것은 그 자체도 완성시킬 수 없기 때문이다. 요리연구가이자 요식업계의 대부라고 부르는 백종원 씨는 "직원들에게 주인의식을 심어줄 수 있는 방법이 있느냐?"라는 질문에 단호하게 "없어요"라고 답했다.

사장의 이런 진심 어린 조언을 직원들이 어떻게 받아들일지는 모르겠지만, 중요한 것은 그러한 조언을 받아들일 수 없다는 생각을 속으로만 하는 것이 아니라 겉으로 표현하는 상황이 2010년도 후반부터 드물지 않게 발생하고 있다는 것이다. 그리고 그러한 대담한 표현을 던지는 사람들의 대부분은 새롭게 회사에 들어온 젊은 직원들 또는 취업 준비생이라는 것이 특징이다.

'오너십을 가지라'라는 진심 어린 기성세대의 조언에 젊은 세대는 "애초에 회사의 오너가 아닌데 무슨 주인의식 타령이에요?", "오너십을 가지라고 말할 거면 주식을 좀 주고 말씀하시지 그래요?"라고 돌직구 답변으로 오기 마련이다. '조금 더 책임감 있는 태도를 가지고 일을 마무리 했으면 좋겠다'라는 의미로 조언을 한 기성세대는 이와 같은 반응에 난감할 수밖에 없다. 그리고 거기에 대해 가장 쉽게 드는 생각으로 '아, 요즘 MZ세대들은 말이야'라는, 속칭 '그놈의 MZ세대'라는 함정에 빠져들 수밖에 없는 것이다.

그런데 오너십과 관련된 문제는 적극적인 업무 태도를 조언하는 과정에서 발생하기 때문에 다분히 직접적인 업무와 관련이 없는 상황에서 일어나기 마련이다. 그러나 통상적으로 일을 하는 과정에서 '내가 맡은 업무 범위 외에는 하지 않겠다'라는 태도가 느껴지면, 그 문제는 잠재적인 특정 세대의 업무태도의 문제가 아니라 직접적이고 실제적으로 업무의 제동을 거는 사고로 이어진다.

가령 한 회사에서 여러 가지 업무를 함께 처리해야 하는 팀장이 새롭게 떨어진 신규 업무를 배정하는 입장에서, 젊은 직원에게 새로운 업무를 부여하는 즉시 "이건 제 일이 아닌데요?"라든지, 다른 팀과의 협업 업무를 진행해야 하는 프로젝트에서 TF와 같은 임시적인 팀을 만들어 여기에 한 명을 차출해야 하는 상황에 "왜 제가 맡은 업무 외에 TF 업무를 같이 해야 하는 거죠?"라는 팀원들의 반응이 나올 때마다 회사 생활에서 이러한 반응을 한번도 받아본 적이 없는 입장에서는 당황할 수밖에 없고, 일의 진척을 진행할 수 없는 딜레마에 빠지게 된다.

그중에서도 기성세대의 심기를 가장 극단적으로 건드리는 것은 "저는 딱 월급을 받은 만큼만 일하겠습니다"라는 젊은 팀원의 워딩이다. 물론 계약에 의해서 자신의 업무를 제공하고 월급을 받아가는 것은 샐러리맨의 기본임은 분명하다. 하지만 너무도 이기적이게도 자신이 받는 월급에 맞은 업무 범위를 자의적으로 설정하고, 그 원칙을 지키겠다는 발언은 '나는 그냥 이 회사에서 놀고 먹겠다'라는 반동적인 언어 그 이상 그 이하도 아니다.

최근에는 "저는 딱 월급을 받은 만큼만 일하겠습니다"라는 문장은 가끔 "저는 딱 1인분만 하겠습니다"라는 문장으로 바꾸어 사용하기도 한다. 이는 내가 월급을 받는 몫(1인분)만큼의 업무만 하겠다는 것이다. '월급을 받은 만큼'이라는 다소 풀어진 표현이 '1인분'이라는 정량적인 표현으로 바뀐 것에 불과하지만, 이러한 새로운 표현은 기성세대 팀장을 더욱 더 당황시키고 분노시키기에는 적합하다.

한 트렌드 연구소는 이렇게 회사에서 '1인분만 한다'라는 젊은 세대의 표현에 담긴 '1인분'이라는 단어와 다른 단어와의 연관 키워드를 분석한 적이 있다. 그 연구소에서는 '조직과 같은 현실세계에서 1인분을 하라!'라는 비판의 용어가 게임 속에서 나오는 '1인분'이란 개념과 연관 지어 생성됐다고 분석했다. 요즘 게임들이 주로 리그 오브 레전드(롤)나 오버워치 또는 배틀그라운드 같은 팀 전을 중심으로 하는 경우가 많다. 내가 팀원으로서 1/n 이상의 활약을 했음에도 불구하고 팀이 지는 경우는 팀 안에서 자기 몫 이상의 활약을 하지 못한 이들에 대한 불만이 생기게 마련이다. 실제로 게임의 전적 사이트에서는 각 게임당 플레이어의 여러 가지 활약 지표(킬 수 혹은 딜 양) 등을 데이터화하여 적나라하고 직관적으로 몇 인분을 했다는 것을 보여준다(예: 0.8인분 or 1.3인분). 그래서 플레이어는 이것을 통해 '1인분은 자기를 방어하는 수단'으로 활용할 수 있다는 것이다. 또한 이러한 게임 실적이 철저한 관리 대상이 된다는 것, 그래서 이러한 1인분이라는 개념은 MZ세대의 게임적 사고방식에서 기인(그것이 현실세계로 확장)한다는 것이 트렌드 연구소의 분석이다.

이것은 좋은 분석이라고 할 수 있지만 실제로 조직에서 1인분을 원하는 사람들의 심리가 게임적 사고방식에서 현실세계로 확장한다는 개념보다는 마치 게임적 사고방식으로 보이는, 하나하나를 따지는 미세한 사고방식이 게임과 현실세계 모두에 영향을 미치는 것으로 보는 게 좀 더 옳은 분석이라고 생각한다. 90년대 생이나 00년대 생처럼 지금 이 시대의 청년세대는 꼭 승패가 결정되는 게임 속의 세상이 아니더라도, 개인의 시간과 노력이 세부적으로 평가받는 것에 익숙해져있다.

핵심적으로 '팀플'이라는 키워드를 뽑을 수 있다. 이 팀플이라는 단어는 스포츠나 게임 등에서 두 명 이상의 팀원이 함께 경기를 하는 것을 의미하기도 하지만 또 하나의 의미로 '조별 과제'를 의미하기도 한다.

조별 과제組別課題, group project/team project는 대학교 학부, 중·고등학교에서 수행하는 과제의 일종으로, 두 명 이상의 학생이 모여서 공동의 과제를 수행하는 것을 일컫는다. '팀과제', '조과제', '조모임' 등으로도 부른다.

이 '조별 과제'가 중 · 고등학교 그리고 대학교 학부의 커리큘럼 안에 속하게 된 본래의 의도는 학생 간 토론문화 정착 및 교육수준 향상으로, 학생들 스스로 문제해결에 대한 해답을 찾는 방향으로 지도하는 교육 프로그램이다. 혼자서 하는 과제도 좋지만 서로 협력을 해서 최선의 방안을 찾음으로써 서로 간의 협동심을 높이고, 향후 사회에 나가서도 팀으로서 활동을 할 때 문제해결 능력과 창의력을 합심하는 연습이기도 하다. 즉, 서유럽이나 영미권의 팀 프로젝트형 수업방식이 한국의 학업문화와 결합하여 정착된 것이다.

하지만 본래의 의도와는 다르게 학창 시절 조별 과제를 주로해온 90년대 생 이하가 조별 과제를 긍정적으로 바라보는 시각은그리 크지 않다. 아니 오히려 그 반대다. 실제로 많은 수업에서는학점을 적당히 취득할 목적을 가진 학생일수록 편하게 무임승차시키고, 학점이 절실한 학생일수록 고생을 시키는 악법 역할을 한다.이런 문제점으로 인해 조별 과제 비중이 높은 강의는 수강 신청 시

팀장, 바로 당신의 조건

기피 대상으로 꼽히는 경우가 많다(특히 일반적으로 문과에 속하는 학생들은 대학교 학부 생활 4년 내내 조별 과제에 치여 살 정도다).

우리가 리더십을 이야기할 때 우리는 보스와 리더를 구분해서 설명한다. 보통 잘 흘러가지 않는 조직에서 나타나는 보스는 자신이 직접 나서지 않고, 팀원들에게 이것저것 방향만 지시한다. 잘 흘러가는 조직에서 리더는 자신이 직접 솔선수범하는 자세로 앞장을 서서 본인도 고된 일에 직접 투입되는 모습을 보인다. 이것이 우리가 이야기하는 참된 지도자의 자질이라고 할 수 있다.

그런데 조별 과제에서는 이와 전혀 다른, 조금은 이상한 스토리로 흘러가게 마련이다. 조별 과제 속의 리더는 보스처럼 편한 자리에 앉아서 시키지 않고, 참된 리더의 모습과 같이 앞장서서 고된 짐을 끌고 앞으로 나아간다. 함께 일해야 할 조원들은 같이 수레를 끌지 않는다. 그들이 있는 곳은 원래 보스가 있어야 할 편한 자리이다. 그 자리에 앉아서 모든 이들은 지시를 내리고 있다.

학창 시절 이 조별 과제를 다소 얕게 경험하거나 아예 경험하지 못한 선배들이라면 "에이, 무슨 팀플 하나 가지고 그 난리를 펴? 사회에 나오면 메일 팀 단위로 생활하게 되는데 뭘"이라고 이야기하겠지만, 이는 90년대 생 이하가 가진 '조별 과제에 근거한 공포심'을 잘 몰라서 하는 소리다.

말 그대로 조별 과제는 어쩔 수 없이 할 수 밖에 없긴 하지만,

최대한 피하고 싶고, 하더라도 최대한 피해를 받지 않기 위해서 발버둥쳐야 할 일종의 공포감을 주는 존재이다.

조별 과제의 가장 큰 문제는 조별 과제의 평가는 조 전체가 공유하기 때문에 그 안에서 개개인이 얼마나 노력했는지는 보통 잘 평가되지 않는다는 것이다. 그 과정에서 일어나는 보통의 일은 나와 있듯이 통상적으로 조장으로 대표되는 소수가 독박으로 일하고, 그 과실을 공통으로 나눔으로써 노력의 공정한 배분에서 손해를 본다.

이것은 마치 현실사회주의에서 강조하는 당 지도에 의한 노동의 분할과 그 결과물에 대한 강제적 배분과 유사하다. 이러한 면 때문에 공산주의 국가들이 일으킨 각종 문제를 그대로 답습하게 된다. 많은 경우 조별 과제는 협동심 아닌 소수의 분전으로 다수가 혜택을 보거나 다수의 태업으로 소수가 피해를 입는 비극을 낳는다. 어쩌면 이러한 학습효과 때문에 현 세대들이 사회주의에 대한 어두운 면에 집착하는 것일 수도 있다.

물론 이러한 어려움을 미리 겪어보고 극복하는 방법을 스스로 깨닫는 것이 조별 과제의 교육적 의의라고 주장하기도 하지만, 이것은 본인의 편의 외에 관심이 없는 이기적인 평가자들이나 할 수 있는 소리다. 아랫사람을 갈아 넣어 전체 체제의 효율성이나 윗사람의 편의를 챙긴다는 점에서 조별 과제의 단점은 약간의 비약이 있을 수 있다. 그러나 인간 사회 전반에서 나타나는 어두운 면과 어느 정도 일맥상통한 부분을 보인다. '세상에는 이런 부조리도 있으니까 배우렴'이라고 하는 건 고질적인 문제 해결에 아무런 도움이 되지 못하고 그런 걸 굳이 경험하면서 배울 필요도 없다.

더 심각한 문제는 조별 과제를 통해 만나는 관계에서는 서로 그런 관심이 없는 경우가 훨씬 많다는 것이다. 관심사와는 동떨어져있어 전혀 관심이 없는 사람에게는 그 사람이 딱히 잘못한 게 없더라도 조별 과제만 끝나면 서로 대면조차도 하고 싶지 않아 한다.

그런데 조별 과제가 끝나기 전에는 그런 사람들과 공동의 목표를 위해 집단지성을 발휘하여 억지로라도 감정노동을 일삼으며 반강제적인 협력을 해야 하니, 조별 과제를 지시한 평가자를 원망하게 되는 것은 분명하다. 서양권에서는 대중교통을 이용 중인 옆자리 승객에게 말을 거는 것이 실례가 아닌 국가가 많지만 우리나라에서는 대체로 민폐 취급을 한다. 우리나라에는 모르는 사람과 인간관계를 만드는 시도 자체를 싫어하는 사람이 많다는 것이다.

조별 과제를 하다가 별로 친해지고 싶지 않은 상대방이 사소한 잘못을 하더라도 크게 원망하고 다투게 돼 트러블이 생기기 시작하면 조별 과제가 끝난 다음에도 악감정이 그대로 남는다. 문제는 조별 과제가 끝나면 더 이상 만날 일이 없으니 그 악감정이 자연스럽게 해소될 기회는 없다. 사회생활 제1의 금언으로 '불필요하게 적을 만들지 말라'는 것이 꼽히는데 이를 정면으로 어기는 것이다. 이러한 강제적인 인간관계의 형성 그리고 그 과정에서 일어나는 다툼들이 '조별 과제를 하는 원래의 의도'와는 전혀 다르게 오히려 인간혐오를 만들어낸다.

조별 과제를 할 때 최악으로 여기는 것은 한국어를 제대로 구사하지 못하는 외국인 유학생과 함께 팀을 이루는 것이다. 이들과는 보통 의사소통이 어렵고, 통상 해당 과목 수료가 목표인 외국인 유학생들과 한 조에 걸리면 혼자 독박을 쓰는 것이 기정사실이기 때문이다. 이와 같은 문제는 실제적으로 외국인 유학생의 입학 없이는 현상 유지조차 어려운 우리 대학들의 어두운 현실이 자리 잡고 있어서 문제 해결을 더욱 어렵게 만든다.

아마 조별 과제의 문제점을 하나하나 따지자면 끝이 없을 것이다. 중요한 것은 '조별 과제가 문제가 있다'가 아니라 어릴 때부터 이러한 조별 과제의 안 좋은 점을 주로 경험하는 이들이 느끼는 불공정함이다.

딱히 이것을 불공정하다라고 표현하지 않지만 억지로 묶인 교육과정 탓에 나의 노력이 나의 성과가 그대도 나타나지 않고, 무임승차자를 다각도로 볼 수 있다는 것, 하지만 내가 그 반대로 무임승차자가 돼 그 고난을 피할 수 있다는 시스템적인 결함은 그 무엇보다도 과정과 결과의 공정에서 민감도를 높일 수밖에 없다. 따라서 가장 중요한 것은 공정한 동료 평가 시스템이다.

그런데 여기서 파생되는 부작용 중 하나는 조별 과제의 어두운 면을 집중적으로 경험한 세대들이 극도의 경계심을 유지한 채 사회에 진출하여 단체 협업을 경험한다는 것이다.

원래의 학창 시절에 경험하는 조별 과제가 원래의 교육 의도대로 타인과의 협동심을 증대시키고, 서로의 강점을 살려서 1+1=2가 아닌 1+1=3 이상의 결과를 내며, 이러한 협업의 힘을 믿고 순경험을 사회에 와서 살리는 것이 돼야 하지만 현실은 그 반대이다. 이러한 부작용이 발현되는 것이 바로 기성세대의 조직과 갈등이 일어나는 포인트가 된다.

가령 회사에서 다른 팀과의 협업을 진행할 일이 생기거나 일시적인 프로젝트 완수를 위한 CTFCross-Task Force와 같은 협업 조직으로의 차출 그리고 공통 업무의 진행 이벤트가 생길 때 일어난다.

본래 자신에게 맡겨진 업무가 아닌 새로 생긴 협업을 위해 일이 추가가 되는 상황은 마치 '조별 과제에서 갑자기 조장을 맡게 되는 상황'과 비슷한 부당함을 느끼는 세대의 일원이 존재하는 것이다. 물론 이것이 모든 90년대 생과 00년대 생의 특징이라고 볼 수는 없다. 단지 이들 중에 많은 이들이 기본적으로 자신의 것이라고 생각하지 않았던 과제가 자신에게 추가됐을 때, '거부를 하지 않으면 내가 호구가 된다'라는 자연스러운 대응 프로세스가 작동할 수 있다는 것이다.

하지만 그러한 자연스러운 프로세스가 실제로 발현될 때는 아쉽게도 그러한 중간 연산 과정이 모두 겉으로 나타나지 않는다. 단지 이런 식으로 발현되는 것이다. "그거 제 일이 아닌데요?" 그 이후는 정당한 업무 지시와 개인 업무 영역의 무단 확대라는 가치가 부딪치는 상황이 생기고, 불편함 상황이 스파크 튀듯이 이어진다.

학업에서 조별 과제와 관련한 산전수전을 겪고 나서 현 시대에 사회에 진출하는 초년생의 경우는 팀과 협업은 이미 경험을 하고 나왔다고 생각한다. 그러다 보니 (단순한 1대 1 대응은 어렵지만) 이들은 군대에 다녀온 예비군과 같은 자세가 되는 경우가 있다. 여기서 예비군이라 함은 예비군 훈련을 갈 때마다 예민함이 극도로 상승하는 존재를 말한다. 예비군들의 예민함이 하늘을 찔러서 불성실한 교육 태도를 보이는 것과 같이 말이다.

하지만 일부의 예민한 태도를 보이는 이들이 미처 파악하지 못한 것이 하나 있다. 학창 시절에 경험한 조별 과제의 팀플과 사회 조직 안에서 가장 기본적인 차이가 존재한다는 것이다. 그것은 바로 일회적 관계냐 지속된 관계냐의 차이다.

천재수학자 존 내시John Nash가 고안한 게임 이론 중에서 '죄수의 딜레마Prisoner's dilemma'가 있다. 이 죄수의 딜레마는 (워낙 유명한 이론이라서 핵심만 이야기하자면) 공범으로 의심되는 두 명의 용의자를 따로따로 수사실로 불러 자백할 기회를 준다. 둘 다 자백하지 않으면 징역 1년(무슨 일이 있었는지 모르므로), 둘 다 서로의 죄를 자백하면 징역 3년(자백의 효과가 없으므로), 둘 중 한 명은 자백하고 다른 한 명이 자백하지 않는다면 자백한 쪽은 석방, 자백하지 않은 쪽은 징역 10년에 처하게 된다는 상황에서 용의자가 자백하는 것이 이득인지 아니면 자백하지 않는 것이 이득인지를 따진다.

여기서 자백을 한다는 것은 공범을 배신하는 것이지만, 나만 그 배신행위를 하지 않으면 손해를 보는 것은 나이다. 단, 하나의 전제조건은 선택에 대해 상대방은 어떠한 강제력(보복)도 행사할 수 없다는 것이다.

죄수의 딜레마 게임의 결과는 자명하다. 항상 두 공범은 모두 자백이라는 배신행위를 선택한다. 왜냐하면 두 사람이 각자의 이익을 위해서 이성적으로 행동한다고 가정하면, 상대방이 취하는 행동과 무관하게 자신이 자백하는 것이 이득이기 때문이다.

학창 시절의 조별 과제에서 무임승차자가 구조적으로 발생할 수밖에 없는 이유가 바로 여기에 있다. 이것은 집단행동에서 개인이 지극히 합리적인 행동을 개시할 때 집단은 개인의 양보를 이끌어내기 어렵다는 것을 의미한다.

하지만 여기에는 중요한 함정 하나가 숨어있다. 그것은 바로 죄수의 딜레마에서 두 죄수 모두가 자백을 선택하는 조건에는 이 게임이 단 한 번(1회성)만 일어난다는 데 있다. 그렇다면 이 게임이 1회성 게임이 아니라 반복적으로 일어난다면 다음 게임 결과에 영향을 주기 때문에 서로 이익을 보는 방향인 '자백이 아닌 침묵'으로 나아갈 수 있다는 점이다.

이것이 바로 조별 과제와 사회적 협력 상태의 기본적인 차이점이다. 조별 과제인 경우 보통은 3학점 수업 안에서 한 번만 팀플을 하기 마련이기 때문이다. 내가 스스로를 희생하고 더 많은 노력을 투여할 필요가 없지만, 이와 반대로 한 조직 안에서 사회적 협력상태인 경우에는 이 협력 게임이 반복된다는 점이 다르다.

그래서 당장 조별 과제와 같은 추가적인 노동활동을 해야 하는 상황이 발생했을 때, "그거 제 일은 아닌데요?"라며 회피를 하는 경우는 당장 편할 수 있지만, 조직 안의 평판이라는 중요한 시스템이 존재한다면 장기적으로 손해를 볼 수 있다. 즉, 한 번의 전투에서는 승리할 수 있지만, 전쟁에서는 이기지 못하는 상황이 발생할 수 있다는 것이다.

조직 안에서의 일들이 꼭 산술적으로 1/n로 나누거나, '너는 PPT, 나는 발표'처럼 역할을 분배하기도 어렵다. 복합적이고 다각도로 혼합돼있는 업무의 특성에서 누군가의 1인분을 정하고 산술적으로 계산하기에는 실질적 어려움이 있다는 것이다. 하지만 '자신의 몫만을 하겠다'는 상황을 만났을 때 이 일을 단순하게 마무리하려는 태도는 궁극적인 문제 해결에 도움이 되지 않는다.

가령 '아, 이게 자기 일이 아니라고 안 하겠다고? 이런 이기적인 녀석들을 봤나. 젊은 애들은 안 되겠네. 이게 말로만 듣던 MZ세대, 90년대 생의 진면목인가?'라는 생각으로 단순히 특정세대의 이기심 정도로 마무리를 짓고자 한다면, 특정 세대 혹은 개인의 태도 문제로 귀책사유를 넘겨서 마음이야 편하겠지만 실질적인 문제 해결은 아니다.

어느덧 젊은 세대가 주축인 비즈니스나 산업군에서는 MZ세대가 팀장이 돼 조직 관리를 시작하고 있다. MZ세대가 팀장이 되면 자연스럽고도 당연하게 MZ세대를 잘 이해하고 그에 맞게 리더십이나 매니지먼트 역량을 발휘할 것이라는 것은 얼토당토않은 망상에 불과하다. 왜냐하면 팀장으로서 발휘해야 하는 리더십과 매니지먼트 역량은 거저 얻어지는 게 아니다. 연습과 훈련 그리고 철저한 자기성찰이 있어야만 길러지고 발휘되는 것이다. "여자의 적은 여자"라는 말이 있듯이 MZ세대 중 팀장의 반열에 오른 사람이 가장 싫어하는 부류가 MZ세대일 수도 있다는 사실이 사람 관리의 어려움을 보여주는 예이다.

우리는 이런 팀장을 원한다

▌ 업무능력

가장 먼저 떠오르는 팀장의 조건은 뛰어난 역량과 전문성이 있어야 한다. 팀원이 뭔가 불편하고, 이해가 안 되고, 의사결정을 빨리 내리지 못할 때 지체 없이 바로바로 자기를 도와줄 수 있고, 그런 전문성이 뛰어난 팀장을 원하는 것은 어찌 보면 당연하다. 보고 배울 게 있고 자신의 문제를 해결해줄 수 있는 팀장을 원한다. 그런데 대체적으로 같은 조직에서 비슷한 업무를 하면서 성장한 팀장이라면 업무능력은 어느 정도 갖추고 있다고 봐야 한다. 그렇지 않았다면 그 자리에 올라가지 못했을 테니 말이다.

예를 들어 새로운 업무가 떨어졌을 때 어느 팀에 이 일을 해야 하며 어느 수준까지 해야 하는지 논쟁이 붙었을 때 역량과 경험 많은 팀장이 논리와 솔루션으로 상대팀을 제압하여 자신이나 자신의 팀에 부가적인 업무가 오지 않도록 막아주는 능력과 센스가 있다면 팀원은 팀장을 환영할 것이다.

▍ 공감능력

조직 관리자 레벨에 있는 기성세대들이 오해하는 게 있다. 소통 행위(예를 들어 회의, 회식, 동호회 등)를 많이 해야 긍정적인 관계가 만들어진다고 생각하겠지만 이는 정확히 반대다. 오히려 공감되지 않는 소통에 대한 노력은 일을 돈과 시간을 들여 이들과 점점 더 멀어지는 아이러니한 상황으로 발전시킨다.

이들과 제대로 소통하며 공감하기 위해서는 자신들이 이 일을 왜 해야 하는지에 대한 이유를 알려줘야 한다. 그렇지 않으면 팀장 앞에서도 망설임없이 'No'를 표현하기도 한다. 옛날에는 이런 상황을 상상도 못했을 것이다. 말 한마디 잘못했다가는 기성세대에 대한 도전으로 간주하여 더 이상 같은 조직에서 일하기 힘들 정도의 데미지를 입었다. 하지만 요즘은 그럴 수도 있는 일 정도가 아니라 일상적인 일이 된 조직도 무수히 많다.

공감은 진정한 관심과 상대를 배려하는 마음이 없으면 잘 생기기 않는다. 몇 년 전에 리더십의 핫이슈 중 하나였던 진성 리더십Authentic leadership도 간단히 말하자면 구성원을 진정성 있게 대하는 것이다. 그래야 소통도 되고 공감도 되기 때문이다.

직장생활을 하면서 관찰한 공감능력이 부족한 팀장의 일반적인 행태를 소개한다.

하나, 팀원에게 인격 모독적인 말을 쉽게 내뱉는다.

"어째 하는 짓이 이리 바보 같냐?"

"왜 이렇게 한심하게 일하냐?"

"직장 짬밥이 몇 년인데 아직 그 정도냐?"

"내가 발로 써도 이보단 잘 쓰겠다."

둘, 팀원의 성과나 업무 결과를 폄훼하고 깎아 내린다.

"어쩐 일로 이번에 제대로 했냐? 남의 거 베낀 거 아니냐?"

"다음에도 제대로 해내면 믿어줄게."

셋, 자신의 상사에겐 세상 깍듯하고 정중하기 이를 데 없다.

"상무님의 의사결정은 언제나 탁월하십니다. 정말 대단하십니다."

"사장님 말씀을 헤아려 진행했더니 일이 순조롭게 해결됐습니다. 모두 사장님 덕분입니다."

넷, 추궁이나 취조하듯 질문하고, 훈계하듯이 피드백한다.

이런 대화를 듣고 있자면 질문인지 야단치는 것인지 헷갈린다. 맞는 피드백을 해주는데도 기분이 나쁘고 학생이 선생님에게 야단맞는 느낌이 든다.

다섯, 팀원들이 자주 바뀌는데 모두 팀원 탓으로 돌린다.

"요즘 친구들은 일에 대한 열정이 없어."

"아랫것들한테 잘해줘 봐야 아무 소용없어. 이래서 옛말에 '머리 검은 짐승은 거두지 말랬다'라고 했다니까."

공감Empathy은 독일어로 '감정이입'을 의미하는 'einfühlun'이라는 단어에서 비롯됐다고 한다. 19세기부터 쓰이기 시작한 이 단어는 사람들이 예술작품을 보면서 예술가의 감정을 똑같이 경험하게 되는 현상을 묘사하기 위해 사용하기 시작했다. 이 말을 종종 동정Sympathy과 혼동되기도 하는데, 동정이 훨씬 오래전부터인데 '함께Sun'와 '고통Pathos'이란 뜻을 가진 고대 그리스어가 출발점이다. 공감은 동정보다는 상상력에 더 가까운 성격을 가지며, 타인에게 공감할 때 우리는 그들의 입장에서 생각함으로써 그들의 고통을 상상할 수 있다. 팀장에게 필요한 공감능력은 팀원들의 고통과 어려움을 생각하여 공감적인 관심, 괴로움을 덜어주고자 하는 마음이 들게 하는 것이다.

공감능력 향상을 위해 필자가 배워서 활용하고 있는 몇 가지 팁을 소개한다.

첫째, 상대방 눈을 바라보며(눈맞춤Eye contact) 대화한다. 눈 속에는 상대방의 많은 감정이 숨겨져있다. 눈맞춤을 잘하면 감정뿐만 아니라 미세한 뉘앙스 차이와 정보도 파악할 수 있다.

둘째, 상대방의 자세에서 감정을 파악한다. 최근 행동심리학이 유행인데 다양한 자세가 갖고 있는 인간의 원초적인 반응들이 있다. 예를 들어 눈을 왼쪽 위로 치켜뜨고 있으면 무언가를 생각해내기 위해 머리를 최대한으로 쓰고 있다는 의미다.

셋째, 목소리 톤Tone에서도 상대방의 감정을 읽을 수 있다. 톤이 어둡고 단어와 단어 사이가 끊기는 느낌이 든다면 경멸이나 비난의 의미를 내포한다고 한다.

넷째, 위의 세 가지를 관찰하면서 공감적 경청을 한다. 말의 겉 뜻뿐만 아니라 눈, 표정, 목소리 등에서 나오는 속뜻을 이해하려 할 때 공감능력을 향상된다.

요즘은 술을 마시고 노래방에 가던 회식은 퇴색되고 문화회식이나 점심 맛집 탐방으로 회식 트렌드가 바뀌고 있다. 그러나 팀원들에게 문화회식을 제안하면 모두가 좋아할 거라는 것은 팀장만의 착각일 가능성이 크다. 문화회식이라는 신박한 아이템으로 미끼를 던진다 할지라도 팀원들의 반응에 공감적 경청에 필요한 촉을 총동원해야만 정말 문화회식을 원하는지를 알 수 있다.

▋ 직원 레벨 1~4에 대한 정의(파악하는 능력에 대해)

기업들이 직원의 성과나 역량 레벨을 평가해 연봉과 승진에 직접적으로 연결시킨 지 이미 20년도 더 됐다. 요즘은 이 레벨 평가를 바탕으로 더 파격적인 보상과 승진을 시키는 기업들이 늘어나고 있다. 그렇다면 팀장 입장에서 레벨을 어떻게 구분할 것인가? 사실 평가에서 3단계나 5단계처럼 홀수 단계 평가가 더 쉽다. 왜냐하면 중간(2나 3단계)이 있기 때문에 특별하지 않으면 평균(중간만 하면 된다)만 해도 부모세대의 니즈를 충족시킨다. 그런데 4단계 평가처럼 짝수 단계로 된 평가는 중간이 없다. 평가자 입장에서 레벨 1과 레벨 4을 고른다는 것은 어렵지 않다. 누가 봐도 잘하는 에이스가 있고, 누가 봐도 처지는 사람은 어느 조직이나 있게 마련이다. 하지만 레벨 2와 레벨 3을 구분하여 평가하는 게 어렵기도 하거니와 평가 후에 팀원을 납득시키기도 여간 어려운 게 아니다.

레벨 2와 레벨 3이 뭐가 어렵냐고, 뭐 그리 중요하냐고 생각할 수 있겠지만 레벨 2에 해당하는 그룹이 레벨 1과 힘을 합치면 팀의 성과나 분위기에 엄청난 시너지를 낼 수 있다. 반면에 레벨 2에 해당하는 그룹이 레벨 3에 해당하는 그룹으로 역량이나 의욕이 낮아지면 팀의 활력이 떨어지고 희망과 기대가 약해진다. 그렇다면 2와 3을 판단하는 방법은 무엇일까?

필자는 소통과 협업, 오너십과 책임감이 그 수준을 가른다고 본다. 레벨 2에 해당하는 사람들은 역량과 의욕은 어느 정도 있기에 혼자서 하는 일은 일정 수준 이상으로 해낼 수 있다. 하지만 그룹이나 조직으로 하는 일에서는 얼마나 소통과 협업을 잘하고, 그 일에 대한 오너십과 책임감이 있느냐에 따라 일의 성과와 품질이 크게 차이가 난다. 물론 당연히 일에 대한 전문성에 대한 판단은 별도로 해야 하며, 그것을 판단하는 것은 어렵지 않다.

‖ 슈퍼팀장

업무능력에 공감능력까지 갖춘 팀장을 슈퍼팀장이라고 한다. 물론 동료 팀장의 눈에는 세상 재수 없고 인간적이지 않은 팀장이지만 슈퍼팀장은 뜨거운 가슴과 차가운 머리를 동시에 갖고 있는 사람이다. 거기에 손과 발도 쉬지 않고 열심히 움직인다. 이미지로 그려보자면 바둑기사의 머리에 사회복지사의 가슴, 정치인의 손과 영업사원의 발을 가진 것과 같다.

과거에는 이런 팀장이 오히려 살아남기 힘들었다. 각자 스타일이나 이미지(지장, 용장, 덕장)가 있고 그걸 인정했기 때문에 그중에 하나만 잘하면 됐다. 하지만 지금의 변화하는 시대에는 다기능·다재능의 슈퍼팀장이 필요하다. 특히 MZ세대와 함께 일하기 위해서는 업무능력 이외에 공감하고 소통하는 능력은 더 이상 선택이 아닌 필수가 됐다.

요즘 팀장의 불안과 고민은 과거와는 확연히 다르고 그 강도가 세어지고 있어 안타깝다 못해 짠하기까지 하다.

C그룹 마케팅팀을 맡고 있는 박 팀장, 그는 요즘 잠을 못 이룰 지경이다. 왜냐하면 본부 매출 부진으로 입지가 불안해진 본부장(임원)의 끝없는 갈굼(좋은 말로 피드백)과 기대 이상의 요구로 일상적인 일은 손도 못 댈 지경이다. 게다가 팀원들은 6시 '땡' 하는 순간 연기처럼 자리에서 사라져버린다. 결국 내일 아침 본부장을 마주해야 하는 박 팀장은 오늘도 독박을 쓴 채 홀로 남아 야근을 한다.

신기한 것은 팀장이 하는 야근은 이상하게 회사에서 터치하지 않는다. 팀장도 똑같은 월급쟁이인데 마치 프리랜서나 하청업체 직원에게 일을 시키는 듯한 반응에 박 팀장은 오늘도 외톨이가 된 기분으로 책상 앞에 남아있다. 팀원들은 문화회식이니 생일(본인, 아내, 아이들, 친부모, 처부모 등)이니 가정의 날이니 챙길 것도 많고 찾아 먹을 것도 쌨다. 박 팀장은 늦은 퇴근을 하며 너털웃음을 지며 되뇐다.

'내가 이러려고 팀장이 됐나!'

'팀장이 무슨 당상관 벼슬도 아니고, 나는 누가 챙겨주지?'

▌ 꼰대와 젊은 꼰대

우리나라의 많은 분들이 존경하는 김형석 연세대 명예교수님은 지금 연세가 103세이신데 아직도 현역처럼 왕성하게 활동하신다. 몇 년 전에도 신간을 냈고, 여러 신문에 칼럼도 연재하며, 1~2시간 강의도 너끈히 진행하신다. 연세로 따지면 꼰대 중의 꼰대라고 봐야 한다. 그런데 오히려 그분의 말 한마디라도 더 듣고싶어 한다. 아직까지 왕성하게 활동하고 꾸준한 운동으로 자기 관리도 철저하다. 게다가 젊은 제자들(그분이 말한 젊은 제자인 70대 60대 젊은 제자들)과 왕성하게 소통도 한다. 그리고 권위의식이나 허세 없이 일상을 담담하게 살고 계시기 때문에 아무도 그분한테 꼰대라고 하지 않는다.

겨우 30, 40살 먹은 사람들이 꼰대 소리를 듣는다는 건 본인잘난 맛에 취해있거나 철저한 자기중심주의자로서, 다른 사람의입장이나 상황에 대해 전혀 관심도 없고 공감하지 않으며, 소통도하고 싶지 않다는 것과 다를 바 없다.

2019년 9월 영국 공영방송 BBC의 TV 채널 중 하나인 BBC Two에서는 '오늘의 단어'로 한국어인 '꼰대KKONDAE'를 선정했다. 한국에서의 오늘의 단어가 아닌 전 세계 오늘의 단어에 꼰대를 선정한 것이다.

BBC가 꼰대라는 단어를 조명한 것은 2019년 9월이 처음은 아니었다. 그 전에도 BBC는 BBC Work life 기사에도 꼰대라는 단어를 소개했다. '꼰대'라는 제목의 해당 기사에서는 꼰대에 대해 "한국에서 꼰대는 잘난 척하고 거들먹거리는 늙은 사람들로 번역된다"라며 "일반적으로 남성에게 모욕적으로 사용한다"라고 설명했다. 아울러 "꼰대는 원하지도 않는 조언을 하고 후배에게는 절대적인 순종을 요구하는 관리자에게 사용하는 말이다. 거의 모든 직장에는 꼰대가 있다"라고 전했다.

필자는 BBC의 한국 문화에 대한 관심은 감사하지만, 그 해석에서는 약간의 문제점이 있다고 생각한다. BBC는 꼰대라는 단어를 "자신들이 항상 옳고, 타인들은 항상 틀리다는 마음을 가진 나이가 든 사람"이라고 정의했지만, 필자는 여기서 '나이가 든 사람'이라는 단정한 표현이 문제가 있다고 생각한다.

사실 꼰대라는 단어는 기존부터 사용된 대한민국의 은어였다. 그 의미는 '나이가 든 옛날 남성'이었기에 그것을 적용해서라면 BBC의 해석이 옳다. 하지만 현대의 대한민국에서 꼰대는 단순히 나이가 든 사람이라는 의미가 아니라는 것이 중요하다.

아거 작가가 자신의 책 『꼰대의 발견: 꼰대 탈출 프로젝트』에서 꼰대를 "특정 성별과 세대를 뛰어넘어 남보다 서열이나 신분이 높다고 여기고, 자기가 옳다는 생각으로 남에게 충고하는 것을, 또 남을 무시하고 멸시하고 등한시하는 것을 당연하게 여기는 자"라고 정의한 것에 비추어보면, 꼰대의 핵심은 나이가 아니라 '남의 말을 귓등으로도 안 듣는 자'이다. 그러한 의미에서 단순히 생물학적 나이가 든 사람을 꼰대로 지칭하는 것은 그들 입장에서 부당한 정의임이 분명하다. 단지 생물학적으로 나이가 든 사람이 꼰대 논란에서 불리한 것은 우리가 나이가 들면서 자연스럽게 지식이 생기고, 삶의 경험과 성공 체험이 생기면 그곳에 매몰될 수밖에 없는 소위 지식의 저주에 빠질 수 있는 확률이 높아진다는 것에 있다. 그래서 나이가 많고 높은 자리에 있고, 자수성가 했다고 믿는 경향이 강한 사람들이 자신만이 옳다라는 생각을 가질 확률이 높기에 꼰대라는 평가를 받는 것이다.

그렇다고 해서 중년과 노년 세대 모두를 꼰대라는 이름으로 일반화시키는 것은 적절하지 못하다. 그럼에도 불구하고 오늘도 수많은 주류 언론과 SNS 같은 신규 미디어에서는 속칭 MZ세대라는 한국 사회만이 사용하는 의문의 세대 명칭으로 2030세대를 '젊은 것들'로 규정하고, 그 대척점으로 임의의 꼰대세대(꼰대+세대)를 만들어서, '늙은 아재들'이라는 잘못된 등식을 여전히 만들어내고 그 의식을 강화시키고 있다.

"내가 꼰대라고? 요즘에 젊은 꼰대라고 못 들어봤어? 젊은 것들이 더해 아주"와 같은 볼멘소리가 자주 들리는 것도, 나이가 든 사람을 꼰대로 보는 의식이 주류 의식이다 보니 똑같이 남의 말을 귓등으로도 듣지 않는 청년 혹은 사례가 등장할 때마다 여기에 백래쉬를 가하는 꼴이다. 젊은 꼰대도 원래 나이가 들지 않았음에도 불구하고 남의 말에 더 귀를 기울이지 않는 사람을 의미할 뿐 90년대나 00년대에 태어난 청년 세대를 지적하지는 않았다는 점을 깨달아야 한다.

양 코치는 과정 시작 전 교육생들의 기대 사항을 정리한 파일을 열었다. 그 속에는 배 팀장이 작성한 내용도 강의 슬라이드 속에 보였다.

기대 사항 1. 리더십 다면진단을 잘 받을 수 있는 방법을 알고 싶다.

기대 사항 2. 팀원이 오너십과 책임감을 갖고 일할 수 있는 분위기를 만들 수 있는 방법을 알고 싶다.

기대 사항 3. 상사의 마음을 얻는 방법을 알고 싶다.

배 팀장은 눈을 지그시 감은 채 빠르게 교육 내용과 그때그때 느꼈던 감정들을 떠올렸다. 이런 교육을 초임 팀장 시절에 받았으면 지금 겪고 있는 여러 난맥상들이 발생하지 않았을 거라는 씁쓸한 생각이 잠시 들었지만 이내 생각을 바꿨다.

'지금이라도 알게 돼 얼마나 다행인가. 나에게는 아직도 제대로 된 관리 역량과 리더십을 보여줄 직원들이 있지 않은가? 아직 나를 믿고 기다려주는 상사가 있지 않은가? 경쟁할 좋은 동료들이 있지 않은가? 나에게는 아직 만회할 기회가 남아있다. 나는 할 수 있다. 난 해낼 것이다.'

생각이 여기까지 미치자 이틀간 비웠던 회사로 빨리 복귀하고 싶은 생각마저 들었다.

교재 끝부문에 써있는 글귀를 보자 배 팀장의 가슴은 더 뜨거워졌다.

"좋은 팀장이 되기 위해서는 자신이 좋은 팀장이 될 수 있다고 믿어야 한다. 좋은 팀장이 되겠다고 믿고 다짐한다고 반드시 좋은 팀장이 되는 것은 아니지만, 좋은 팀장이 되려는 열망이 없는 사람은 절대로 좋은 팀장이 될 수 없다."

팀장, 바로 당신의 조건

초판 1쇄 인쇄   2023년 1월 4일
1판 5쇄 발행   2024년 9월 25일

펴낸곳   스노우폭스북스
기획·편집   서진

지은이   양병채 임홍택

편집진행   박영지

마케팅   김정현 이민우
영업   이동진

디자인   강희연

주소   경기도 파주시 회동길 527, 스노우폭스북스빌딩 3층
대표번호   031-927-9965
팩스   070-7589-0721
전자우편   edit@sfbooks.co.kr
출판신고   2015년 8월 7일 제406-2015-000159

ISBN 979-11-91769-23-4 (03320)
값 17,500원

• 스노우폭스북스는 귀하게 집필한 소중한 원고를 언제나 성실히 검토하고 있습니다.
• 스노우폭스북스는 단 한 권의 도서까지 가장 합리적이며 저자가 신뢰할 수 있는 방식으로 인세를 정직하게
  지급하고 있습니다.
• 이 책에 실린 모든 내용은 저작권법에 따라 보호를 받는 저작물이므로 무단 전재와 무단 복제를 금합니다.
• 이 책 내용의 전부 또는 일부를 사용하려면 반드시 출판사의 동의를 받아야 합니다.
• 잘못된 책은 구입처에서 교환해 드립니다.
• 책값은 뒷면에 있습니다.